NHK趣味の園芸 よくわかる栽培12か月

# ボタン、シャクヤク

江川一栄、芝沢成広、青木宣明

# 目次

JBP-M-Sekizawa

'八千代椿'（やちよつばき）

（関東地方平野部基準）

| 6月 | 7月 | 8月 | 9月 | 10月 | 11月 | 12月 |
|---|---|---|---|---|---|---|
| 成熟期 | | | | 根の活動、活発化 | 寒ボタン開花<br>地上部は休眠中 | |
| | | | 有機配合肥料 | | | |
| | 各種斑点病、ケムシ類、シャクトリムシなどが発生（適用薬剤を散布） | | | | | |
| こばえの整理（台芽の除去）<br>つぶし | 日よけによる葉焼け防止<br>植え場所の用土づくり | つぎ木 | 土寄せ、敷きわら<br>葉刈り、剪定、植えつけ、植え替え | | 敷きワラの補充 | 雪囲い、霜よけ |
| 当たりのよい場所 | 西日を避け、風通しのよい涼しい場所 | | | 日当たりのよい場所 | | 冬囲い、霜よけ |
| たっぷり与える | 午前中の涼しいときに十分与える | | | 過湿にならないよう軽く与える | | |
| | | | 有機配合肥料 | | | |
| シャクヤク台芽の除去<br>芽つぶし | 用土づくり<br>肥料づくり | 台風対策（枝縛り） | 葉刈り、剪定、植えつけ、植え替え<br>中耕、増し土、腐葉土でマルチング | | 寒ボタンの支柱立てと霜よけ | |

| 6月 | 7月 | 8月 | 9月 | 10月 | 11月 | 12月 |
|---|---|---|---|---|---|---|
| | 成熟期 | | 花芽分化が始まる | 根の活動、活発化 | 地上部は休眠中 | |
| 礼肥（油かす） | | | | 油かす | | |
| | | イラガの幼虫、うどんこ病 | | | | |
| | 西日よけ | | | 植えつけ、株分け、植え替え | | 寒地ではマルチング |
| 当たりのよい場所 | 西日の当たらない涼しい場所 | | 日当たりのよい場所 | | | |
| っぷり与える | 晴れた日は毎日、早朝か夕方に行う | | 2〜3日に1回 | 鉢土の表面が白く乾いたのを確認してから行う | | |
| | | | | 油かす | | |
| | | | | 植えつけ、株分け、植え替え | | |

## ボタンの生育サイクルと管理・作業暦

| 月 | | 1月 | 2月 | 3月 | 4月 | 5月 |
|---|---|---|---|---|---|---|
| 株の状態 | | 寒ボタン開花<br>地上部は休眠中 | | 新芽が伸び出す（生育期） | | 春咲きの品種<br>開花 |
| 庭植え | 肥料 | | | 有機配合肥料 | | 有機配合肥料 |
| | 病害虫対策（鉢植えも共通） | 石灰硫黄合剤を塗布 | | ナメクジ、ミノムシ<br>など活動を開始 | | ボトリチス病の予防に |
| | 主な作業 | 雪囲い、霜よけ<br>寒ボタンの花後剪定 | | | 摘蕾<br>支柱立て | 花がら摘み |
| 鉢植え | 置き場 | 寒冷地は霜、<br>風の当たらない場所で | | 日当たりのよい場所 | | 風通し、 |
| | 水やり | 鉢土の表面が乾いたのを<br>確認してから行う | | 水やりの間隔は<br>短くなる | | 1日に1～2回、 |
| | 肥料 | | | 有機配合肥料 | | |
| | 主な作業 | 寒ボタンの<br>花後剪定 | | | 摘蕾<br>支柱立て | 花がら摘み |

## シャクヤクの生育サイクルと管理・作業暦

| 月 | | 1月 | 2月 | 3月 | 4月 | 5月 |
|---|---|---|---|---|---|---|
| 株の状態 | | 地上部は休眠中 | | 新芽が伸び出す<br>（生育期） | 出蕾 | 開花 |
| 庭植え | 肥料 | 酸性土壌では<br>苦土石灰を散布 | 芽出し肥料（油かす） | | | |
| | 病害虫対策（鉢植えも共通） | | | | アブラムシ、灰色かび病 | |
| | 主な作業 | | | 日当たり、通風をよくし、<br>雑草取りを行う | | 花がら摘み |
| 鉢植え | 置き場 | 寒冷地は<br>凍結しない場所に | | 日当たりのよい場所 | | 風通し、 |
| | 水やり | 鉢土の表面が乾いたのを<br>確認してから行う | | 水やりの間隔は短くなる | | 株元に |
| | 肥料 | | 芽出し肥料（油かす） | | | |
| | 主な作業 | | | | | 花がら摘み |



●ボタン、シャクヤクは寒さに強い植物なので、寒冷地の扱いには特に触れていません

# ボタンとシャクヤク

ボタンとシャクヤクは、いずれもボタン科ボタン属（*Paeonia*）の植物です。同属の植物は、北半球に30余種ほどが知られていますが、その多くが中国を中心とした東洋に分布しています。ヨーロッパでは同じ*Paeonia*の名で扱われていますが、中国では古くから、同属のなかで木本性のものをボタン（牡丹）、草本性のものをシャクヤク（芍薬）と区別して扱ってきました。

どちらも古代から薬用として利用されてきましたが、いつしか花の美しさが注目されるようになりました。ことにボタンは、唐代（7〜8世紀）に入ると飛躍的に園芸化が進み、残された当時の詩歌からも、人みなボタンの美と香りに酔いしれた長安の都の春の様子をうかがうことができます。

日本への渡来は、ともに奈良時代で、当初はやはり薬用植物としてでしたが、その後、日本独自の改良がなされ、特に江戸時代以来、著しい発展を遂げて現在に至っています。

両者とも、花のあでやかさは、数多い園芸植物のなかでも抜きんでた存在で、俗に「立てばシャクヤク、座ればボタン」と、佳人の形容にも用いられてきました。これほど親しまれてきた花であるにもかかわらず、近年、一般家庭の庭で見かけることが少ないのは残念なことです。

ボタンもシャクヤクも、本来は丈夫で育てやすい植物なのですが、ほかの花木や宿根草と性質の異なる点がいくつかあります。そのためか、苗を手に入れて植えたのに、うまく育たなかったといった話をよく耳にします。本書を参考に、育て方のコツを会得し、ぜひ、すばらしい伝統の美花を身近で咲かせてみてください。

# ボタン

芝沢成広／江川一栄

ボタンには一般的な春咲き品種のほかに、二季咲き性の強い、寒ボタンと呼ばれる系統があります。本書では春咲き品種を基準として解説しています。

‘日暮’（ひぐらし）

# ボタンの魅力

**「百花の王」と讃えられてきた東洋の名花**

　ボタンが中国から日本に伝えられたのは、奈良時代（聖武天皇の治世）のころといわれています。そのころ、唐の都では玄宗皇帝や楊貴妃に代表される宮廷文化が大きく花開きました。数多くの園芸植物が妍《けん》を競うなかでも、ボタンの花はすでに王者の地位を占めていたことが、詩人の李白などが残した詩などから判明しています。

　日本には当初、観賞目的ではなく、薬用植物として伝えられたものと思われます。当時、初めて導入されたボタンが、はたしてどのような花を咲かせていたのか、興味深いものがあります。福島県の須賀川牡丹園に大株として残されている薬用ボタンなどに、渡来した当時のボタンの姿をかいま見る思いがします。

　以来、1300年にわたり、自然交雑や自家受粉を繰り返しながら、300品種とも400品種ともいわれる数多くの園芸品種を生み出し、日本独自のボタンと、それにともなう美術、工芸、詩歌などのボタン文化が創り上げられました。

**ボタンは「富貴の花」**

　ボタン栽培の醍醐味は、自分で育てた株が念願どおりの立派な花を咲かせてくれたときでしょう。その見事さを家族にほめられたり、近所の方や通りがかりの方が、花の前で足を止めて

春ともなれば、各地であでやかなボタン花の競演が繰り広げられる

くれたときなども、ボタンづくりに励んできてよかったと、大きな喜びを覚えるものです。

ボタンには「富貴の花」の別名があります。その昔は高貴な上流階級の人々が眺めて楽しむ花でしたが、今ではつくる人、見る人、どんな人たちの心も和ませ豊かにしてくれます。時代は変わっても、やはりボタンは「富貴の花」といえるでしょう。

## 「花に酔う」神秘な力

ボタンの花はどんな状況下でも不思議によく映える花です。朝露にぬれ、今にも咲きだしそうな蕾の若々しさ。春の日に陽光を輝き返し妖艶に咲く大輪の花。一面に芳香を漂わせるふくよかな花。そして、冷たい雨にじっと耐えながら花びらを閉じている花。そのいずれもが見事です。「花に酔う」という言葉は、ボタンのためにあるような気がします。


P/JBP-M.Sekizawa

ボタンは花の命が短いといわれますが、咲き始めから満開に至るまでの間に、日ごと花の色を少しずつ変えていきます。1花の寿命は短くても、毎日異なる姿を見せてくれる、まさに神秘の花です。

**ボタンの多彩な花芸（色彩の出方）**

**ボカシ覆輪**　花弁の外側が脱色し、銀光色に縁取られる。

**底ボカシ**　花弁の基部が淡く色づく。

**咲き上《のぼ》り**　咲き始めから徐々に花色を濃くしていく。

**咲き下《くだ》り**　咲き始めから徐々に花色を薄くしていく。咲き上りの逆。

**絞り**　花弁の外側から基部に向かって白い筋が細く入る。

**松を出す**　弁脈が、松葉を散らせたように色濃く現れる。

**個性豊かな品種群**

ボタンは、とかく豪華絢爛で大輪の花というイメージだけでとらえられがちですが、品種によって多種多様な特性を備えています。

**樹形**…樹高の高低（高伸性と矮性）、節間の長短、幹の太細、単幹性と株立ち性など。

**芽**…赤芽、青芽、黄芽、丸芽、とがり芽。

**葉**…丸葉、広葉、細葉、狂い葉（よれ葉）、垂れ葉、青葉、赤葉など。

**花の咲き方**…一重、八重、千重、万重、平咲き、抱え咲き、獅子咲き、盛り上がり咲きなど。

**花色**…白、桃、赤、紫、黒、黄など。

**花期**…早生、中生、晩生、冬の寒ボタンなど。

**花径**…巨大輪から小輪まで。

このように、品種それぞれにいくつもの特徴があり、花だけでなく、冬の樹姿、芽の美しさ、春の萌芽と若葉の輝き、夏の葉姿、剪定後の芽の躍動美と、季節を通して楽しめます。

庭の真ん中で映えるボタンもあれば、露地が似合うボタン、日陰で緑の葉を輝かせるボタン、鉢植えに適したボタンもあります。花の大きさだけを競うことなく、その品種の特性を引き出してやる栽培を心がけたいものです。

淡紅色の花弁の外側が脱色し、銀光色に縁取られる「ボカシ覆輪」の芸。品種は‘天衣’

次第に花色を濃くする「咲き上り」の芸。左は咲き始め。右は2日めの花。(‘古斑同春’×‘青龍臥墨池’)

**ボタンは栽培容易な長寿植物**

「ボタンは育てるのが難しい」、「花つきの鉢植えを買ったが、翌年から咲かない」、「根巻き苗を買って植えつけ、花を咲かせたが翌年から咲かなくなった」などなど、いずれもボタンのイメージとしてよく聞く話ですが、その多くは、これまでの流通形態などから生まれた誤解によるものです。ボタンの性質を正しく理解し、性質に合わせて栽培すれば、必ず毎年、美しい花を咲かせてくれます。

つくる人、見る人は代わっても、ボタンは数百年の寿命を全うするまで、その美しさを後世に伝え続けることができる長命な植物なのです。

 P/N.Shibasawa

# 育て始める前に、ボタンの性質を知っておこう

**市販の苗木は、木の枝（ボタン）と草の根（シャクヤク）との共存体です**

現在市販されているボタン苗のほとんどが、シャクヤクの台木につぎ木されたものです。台木のシャクヤクの根の力を借りて、ボタンは成長していきます。

**ボタンの自根の生育はきわめて緩慢です**

つぎ口を埋めて植えつけておくと、つぎ木した基部の芽元からボタン本来の自根が発生します。ただし、自根の成長はきわめて遅く、植えつけて2～3年で1㎝ほどの太さに、5～6年たっても3㎝ほどの太さにしか育ちません（品種により多少の差はある）。ですから、自根が出たからといって、台木を急激に切り詰めてはいけません。

**寒さには強く、暑さに弱い**

地上部のボタンは耐寒性がきわめて強いのですが、台木を露出させていると凍害を受けるおそれがあります。夏の高温は苦手なので、植え替えてまもない株や弱っている株には、夏場は日よけ（よしずまたは遮光ネット）を施します。

**乾燥に強く、過湿に弱い**

自根を地中深く張ったボタンは乾燥に強いのですが、植えつけて年数の浅い株では水切れは禁物です。

過湿をたいへん嫌うので、水はけのよい場所

Y.Suzuki

樹齢200年以上と伝えられるボタンの古木（須賀川牡丹園にて）

JBP-M.Sekizawa

須賀川牡丹園に残る薬用ボタン。紫斑牡丹（原種）の特徴を残している

を選び、盛り土をして植えつけます。植え土にはよく発酵した腐葉土を混入し、保水性と通気性、排水性を保たせます（64ページ参照）。

**［まとめ］** ボタン栽培は、急がずに、深く植え、土をつくり、根をつくることに尽きます。

M.Sekizawa

緑のボタンとして話題を呼んだ 中国ボタンの希品種'豆緑'（とうりょく）。最晩生咲き

# 日本ボタン

**'花王'**（かおう）

**'岩戸鏡'**（いわとかがみ）

**'九十九獅子'**（つくもじし）

**'長楽'**（おさらく）

**'新潟乙女の舞'**（にいがたおとめのまい）

**'皇嘉門'**（こうかもん）

**'鎌田藤'**（かまたふじ）

**'紅輝獅子'**（こうきじし）

**'麒麟司'**（きりんつかさ）

**'黒鳥'**（こくちょう）

**'群芳殿'**（ぐんぽうでん）

 *P/JBP-M.Sekizawa*

**'日月錦'**（じつげつにしき）

**'黒光司'**（こっこうつかさ）

**'島大臣'**（しまだいじん）

**'紫雲殿'**（しうんでん）

**'五大州'**（ごだいしゅう）

**‘墨の一’**（すみのいち）

**‘島錦’**（しまにしき）

**‘太陽’**（たいよう）

**‘新天地’**（しんてんち）

**‘長寿楽’**（ちょうじゅらく）

**‘花競’**（はなきそい）

 *P/JBP-M.Sekizawa*

**‘白王獅子’**（はくおうじし）

**‘綴れの錦’**（つづれのにしき）

**‘白蟠龍’**（はくばんりゅう）

**‘帝冠’**（ていかん）

**‘初烏’**（はつがらす）

**‘渡世白’**（とせいはく）

**'美福門'**（びふくもん）

**'花大臣'**（はなだいじん）

**'百花撰'**（ひゃっかせん）

**'美玉'**（びぎょく）

**'富士の峰'**（ふじのみね）

**'日暮'**（ひぐらし）

 *P/JBP-M.Sekizawa*

**'宝山'**（ほうざん）

**'扶桑司'**（ふそうつかさ）

**'豊代'**（ほうだい）

**'不老門'**（ふろうもん）

**'村松桜'**（むらまつざくら）

**'芳紀'**（ほうき）

**'八重桜'**（やえざくら）

**'八雲'**（やぐも）

**'麟鳳'**（りんぽう）

**'雪灯籠'**（ゆきどうろう）

**'新潟連鶴'**（にいがたれんかく）

**'八千代椿'**（やちよつばき）

 *P/JBP-M.Sekizawa*

## 外国種

N.Shibasawa

**'ゴールデン ボウル'**　[アメリカ]

ARS

**'金閣'**（きんかく）[フランス]

N.Shibasawa

**'リナウン'**　[アメリカ]

**'紫上'**（しじょう）[中国]

**'ハイヌーン'**　[アメリカ]

**'明治の誉'**（めいじのほまれ）　[中国]

P/JBP-M.Sekizawa

# ボタン・12か月の管理と作業

'黒龍錦'（こくりゅうにしき）

# 1月

**庭植え**　穂木と台木との接合部が露出していたら土寄せを

**鉢植え**　わら、落ち葉、腐葉土などでマルチングを施し、霜柱の害を防ぐ。夕方の水やりは、凍結のおそれがあるので避ける

N.Shibusawa

雪の中から、元気に顔をのぞかせるボタン。枝折れに注意しさえすれば、寒さには非常に強い

## 今月の株の状態

気温の低下とともに、芽の動きは止まります。しかし、地下では春の生育に向けて、根は活動を続けています。

### ●庭植えの管理

穂木と台木との接合部が、十分に土に覆われているかどうかを確かめてください。露出しているようであれば、土寄せをしてやります。シャクヤクは草本植物ですが、草の根は直射日光と凍結に弱いからです。また、ボタンの白根は、

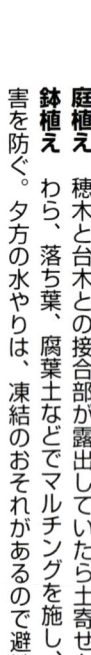

この接合部の上の芽元から発根するので、露出させておいてはいけません。また、霜柱で上根が傷まないよう、株の周囲に敷きわらをするか、腐葉土などで覆っておきます。

**雪囲い**　積雪地や寒冷地で、雪囲いがまだならば、早めに行います。（86〜87ページ参照）ボタンの枝はつけ根から折れやすいので、注意しながら行ってください。

**鉢の転倒、凍結を防ぐ方法**

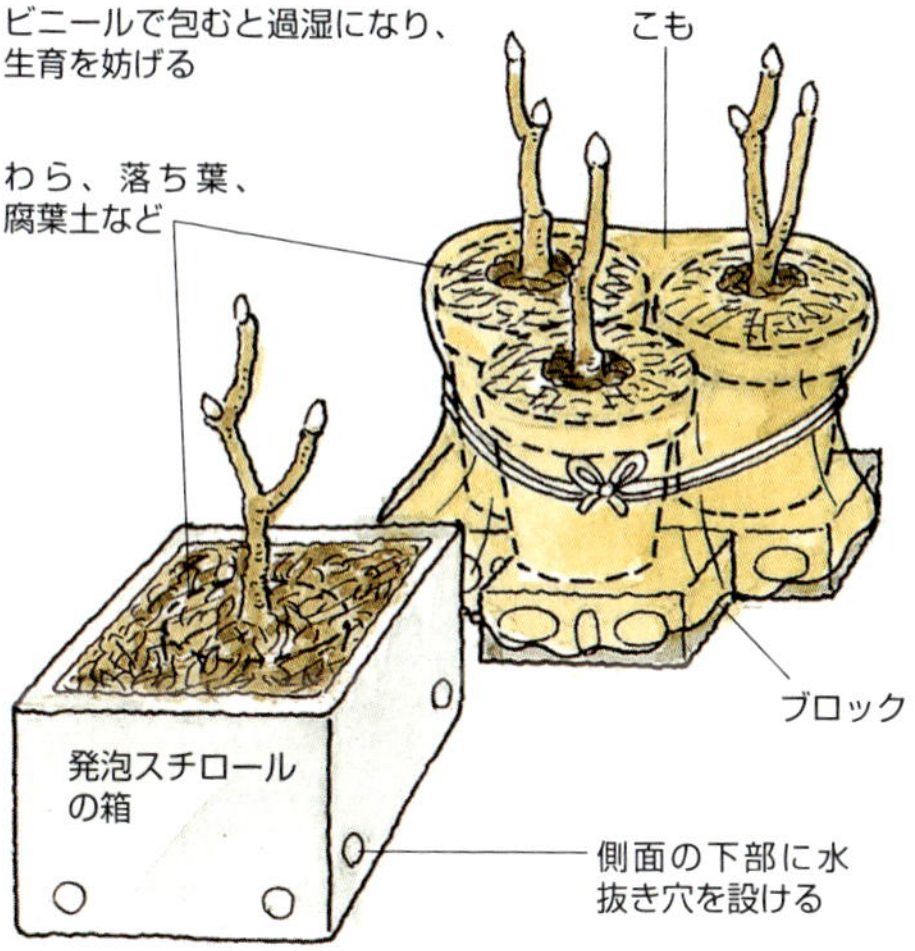


**水やり**　必要ありません。

**肥料**　必要ありません。

**病害虫対策**　下旬に殺虫・殺菌剤を散布します。また、木酢または竹酢液を株と株元に散布しておきます。

## ●鉢植えの管理

**置き場**　日照の必要はありません。寒冷地以外、場所にはこだわりませんが、季節風で鉢が倒されないよう、排水用の穴をあけた発泡スチロールの箱などに収めておきます。また、霜柱で上根が傷まないよう、わらや落ち葉、腐葉土などをかぶせておきましょう。寒冷地では、風が直接当たらない場所を選んでください。

**水やり**　表土が乾いたのを確認してから水やりをします。水やりの間隔は、鉢の大きさ、根の張り具合、土の配合、マルチングの状態で異なるので、鉢ごとの乾き具合を覚え、水やりの間隔を決めます。過湿よりは乾かし気味がよく、また、夕方の水やりは凍結の危険があるので避けます。

**肥料**　秋に施してあるので、必要ありません。

**植え替え、剪定**　行いません。

## ●寒ボタン

**花後剪定**　気温の低い季節なので、春のボタンに比べると、一花一花の寿命は長いのですが、花をいつまでもつけておくと、春の生育に影響し、ひいては来年の生育の妨げにもなります。花形がくずれかけたら図を参照して剪定します。

それ以外、特に手入れの必要はありません。

### 寒ボタンの剪定

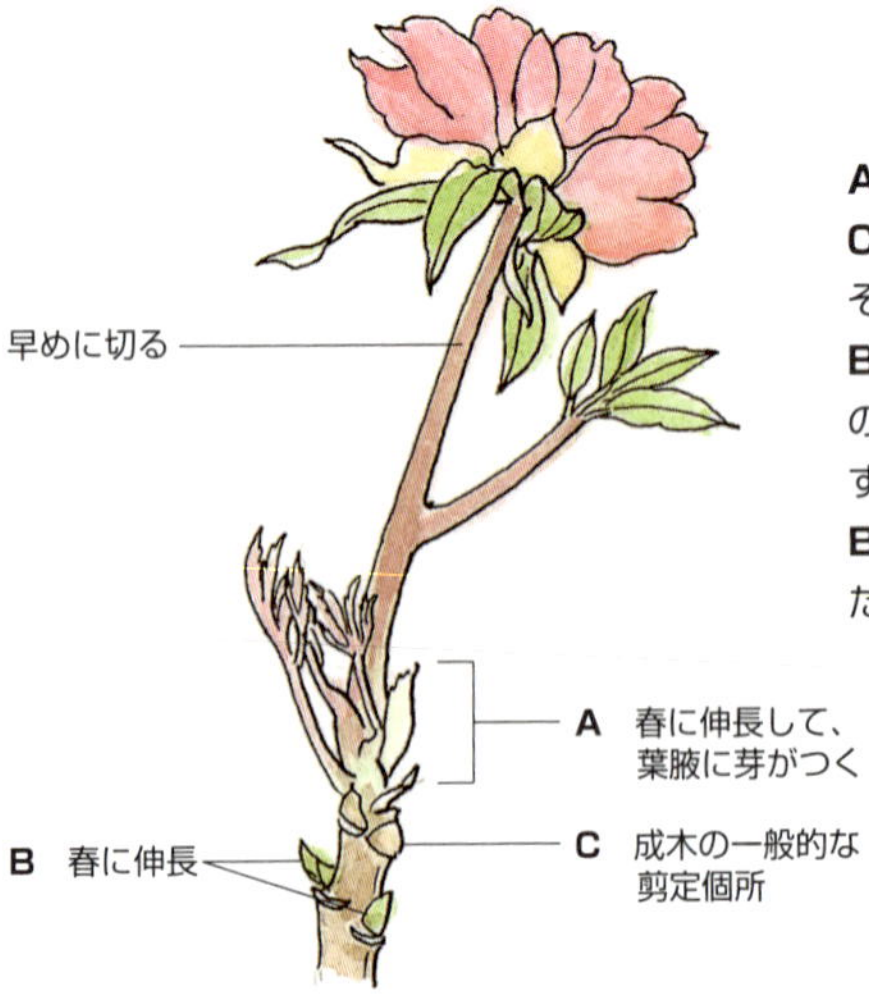


**A**を育てると**B**は休眠する。
**C**で剪定すると、**B**が伸びる。
そこで、
**B**の芽が充実していれば、凍結の心配がなくなったら**C**で剪定する。
**B**の芽が小さければ**A**を育てる。
ただし、**B**の芽はかかない

# 寒ボタンのいろいろ

越のあかね（濃紅の千重咲き）

JBP-Y.Itoh

寒獅子（淡紫紅色の千重獅子咲き）

JBP-Y.Itoh

大正紅（朱紅色で底濃紅の
一重咲き）

# 2月

**庭植え** 下旬に入ったら、そろそろ冬囲いを外す。敷きわらやマルチングはそのまま残す
**鉢植え** 鉢土が凍るおそれがなくなったら、日当たりのよい場所に戻す

## 今月の株の状態

寒さが和らぐまでじっとしていた芽も、気温の上昇とともに活発になり、根は活動をいちだんと強めます。赤、紫、青、黄色のみずみずしい葉が花芽の鱗片を押し広げ、春の訪れを待っています。

### ●庭植えの管理

下旬に入り、寒さがゆるんできたのを確かめて、冬囲いを外します。ただし、降雪が続くようであれば、そのままにしますが、明かり窓を開けてやり、徒長や蒸れを防止します。

敷きわらやマルチングはそのままにしておきます。

**水やり** ほとんど必要ありません。ただし、乾燥した日が続いたときは、土が乾燥しているのを確認したうえで、日中に行います。

**肥料** 必要ありません。

**病害虫対策** まだ行っていなければ、春以降の病気の発生を予防するために、晴れ間を見計らって殺虫・殺菌剤を散布します。芽が動いてくるので、芽や幼葉にはかけないよう注意します。

また、木酢（または竹酢）液の50倍液をジョウロで株全体と株元に散布します。

## ●鉢植えの管理

**置き場**　強い霜に当たると凍害を起こすので注意が必要ですが、凍結のおそれがなくなれば、取り込んでいた鉢は日当たりのよい場所に戻します。暖かい室内や日当たりの悪い場所に遅くまで置くと、徒長してしまいます。ただし、鉢土の上に置いた敷きわら、腐葉土などはそのままにしておきます。

**水やり**　1月と同様、鉢土が乾いたのを確認してから水やりをします。

**肥料**　秋に施してあるので、必要ありません。

**その他**　植え替えや剪定は行いません。鉢植えの幼葉は庭植えのものに比べ凍害に弱いので、朝方の冷え込みや寒波が予想されたら、あらかじめ覆いをするか、凍結のおそれがない場所に鉢を移します。

花芽と葉芽

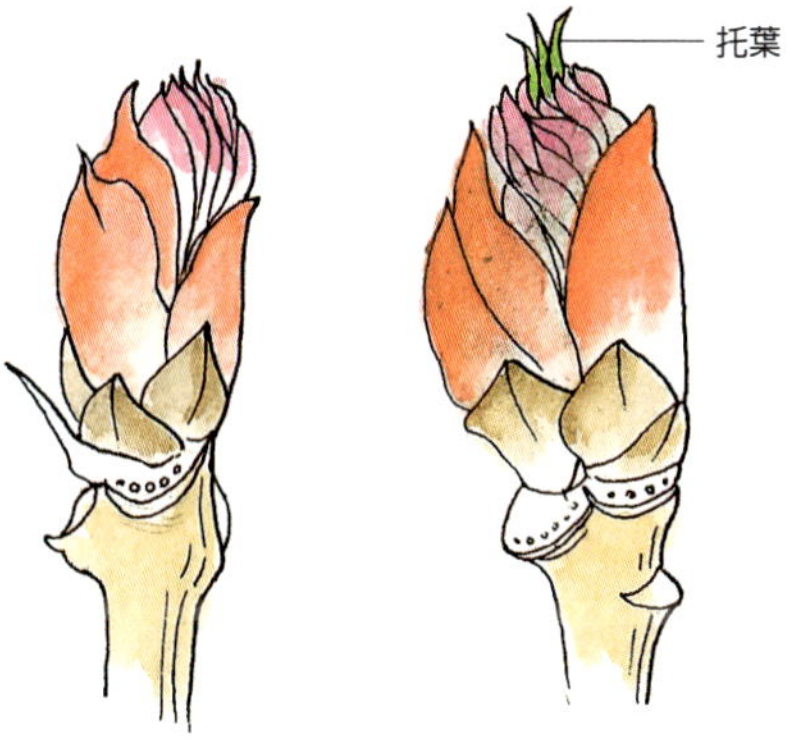


葉芽（少し細身）

花芽（丸みがあり、中心部から托葉が出てくる）

## ●寒ボタン

春咲きのボタンの管理に準じます。

# 3 月

**庭植え** 日中に垂れてきた葉が、夕方になっても戻らないようなら、水やりを行う。有機配合肥料を施す
**鉢植え** 水切れを起こさないよう注意する。有機配合肥料を施す

## 今月の株の状態

気温が次第に上がるにつれて、新芽が土中から伸び出てきたり、若葉が勢いよく空に向かって伸びてきます。

いよいよボタンが躍動的な姿を見せてくれる季節がやってきました。根はますます盛んに活動して、養水分を吸収します。茎も伸びて、早いものだと、先端には小さな蕾が見えるようになります。

愛好家にとっては、花への期待が日ごとに高まっていく楽しい季節です。

柔らかい若葉を展開し始めた新芽

### ●庭植えの管理

**水やり** この時期のボタンは、新芽の成長に見

合う大量の水分と養分を必要としています。

ただし、葉がしおれてきても、あわてて水を与えないでください。日中に気温が急上昇すると、土が湿っていても、葉が垂れてくるものだからです。

夕方になっても垂れた葉が戻らないようなときが、本当に水を必要としているときなので、すぐに水を与えます。このときの敷きわらや土の感触で乾き具合を覚えておいてください。

**肥料**　敷きわらをいったん取り除き、株のまわりに、油かす、魚粉、米ぬかなどでつくった発酵ずみの有機配合肥料（54ページ参照）を施し、敷きわらを元に戻します。

**［施肥量の目安］**　前年に植えつけた2～3年生の苗であれば、前記の有機配合肥料を二握りほど、株元から半径20㎝ほど離れた個所に円状に施します。このとき、等配合比の化成肥料（速効性）半握りを併用すると、速効、遅効両用の効果が得られます。

**その他**　植え替え、剪定、芽かきなどの作業は行いません。

**病害虫対策**　ナメクジ、カタツムリ、ケムシ類、ミノムシなどが活動し始めます。見つけしだい捕殺しましょう。日当たりと風通しがよければ、病気の発生はほとんどないはずです。

病害虫を恐れるあまり、高濃度の薬剤を散布して、軟らかい葉を傷めてしまうケースがよくあります。葉が固まるまでは規定の希釈倍数よりも薄めて使います。筆者は木酢液や竹酢液の50倍液と併用しています。

## ●鉢植えの管理

**置き場**　日当たりのよい場所に置きます。

**水やり**　葉の成長にともなって、鉢土の乾きも

冬の間に凍害を受けた寒ボタン（‘初日’）の蕾。寒さには強いボタンだが、早く動いた芽は霜に当て続けると咲かなくなってしまう

早くなりますから、水切れを起こさないように注意して水やりします。

**肥料**　ボタンの葉は特別大きいので、その分だけ養分を必要とします。前記の発酵済み有機配合肥料を株のまわりに施します。

**［施肥量の目安］**　10号（径30㎝）鉢に植えたもので、ピンポン玉大の有機配合肥料を4か所に分けて置きます。化成肥料との併用は庭植えの場合と同様に効果がありますが、施しすぎると肥料やけを起こしたり、用土の酸化を早めるので注意してください

**その他**　植え替えや剪定、芽かきは行いません。

**病害虫対策**　庭植えに準じます。

## ●寒ボタン

春咲きのボタンの管理に準じます。

## ご存じですか？　ボタンの不思議

### ●「牡丹色」って、どんな色？

花色の表現は時代とともに変わるものです。一例として、‘麟鳳’（写真）の花色をあげてみますと、昭和6年に発行された通信販売のカタログには「真に牡丹色の代表的色彩の万重光沢ある巨大輪紫花中これに及ぶものなし」と記されています。ところが平成2年に日本ぼたん協会の手による『現代日本の牡丹・芍薬大図鑑』では、「牡丹色よりも赤を多く含み、そして濃色である」と記されています。

‘麟鳳’。これが本来の牡丹色

現在では大勢の人が、桃色の花を牡丹色と表現しているからです。これは正しくないのかもしれませんが、間違いともいいきれません。時代により、人それぞれの「牡丹色」があるということです。

### ●一重咲きのボタン、万重咲きのボタン

サクラやツツジ、ツバキなどの原種は、決まった花弁数をもっています。ところがボタンの原種（野生種）では、花弁の少ない種で10枚前後、多い種では13枚前後で、同じ株の花でもばらつきがあります。ボタンの花は萼と花弁の判別がつきにくい中間型の花びらをつけるので、花弁の数を正確に数えるのは難しいのです。

花弁が重なり合わない純粋な意味での一重の花は実在しないのですから、一重咲きと八重咲きとの明瞭な区別はできません。もちろん、八重咲きと千重咲き、万重咲きの分類定義もあるわけではありません。

千重、万重とはいうものの、1000枚以上もの花弁をつけるボタンは実際には存在しないのです。

 P/N.Shibasawa

# 4月

**庭植え**　肥料は施さない。花の重さや風で枝が裂けないよう、支柱を添えておく
**鉢植え**　水切れを起こさないよう注意する。肥料は施さない

蕾がどんどんふくらみ、花への期待が高まる

## 今月の株の状態

今月に入ると、蕾の形もでき上がります。品種によって細いもの、丸いもの、扁平なもの、先のとがったものなどさまざまですが、いずれも思い思いの若葉の衣装を身にまとっています。気温が上がり、蕾がふくらんでくるとともに、開花への期待もいよいよふくらんできます。

暖かい地方では、早咲き種が咲きだし、下旬からは各地のボタン園が、多くの見物客でにぎわいを見せます。

## ●庭植えの管理

**水やり**　3月に準じますが、葉が大きく育っている分だけ蒸散量もふえるので、水やりの間隔は短くなります。

**肥料**　施してなければ施します（31ページ参照）。

**病害虫対策**　急激な温度の上昇にあうと、ボトリチス病（灰色かび病）が出やすくなります。薬剤を散布します。筆者は木酢または竹酢50倍液と交互に散布しています。

**支柱立て**　新梢は成長が早く、熟して固くなるのは開花後になります。強い風を受けると、花の重さも手伝い、枝のつけ根から裂けてしまうので、支柱を立ててやります。

**敷きわらに有機配合肥料を施す**　通年、敷きわらをしていると、病気が発生すると思われるかもしれませんが、心配はありません。今月は土に直接、肥料は施しませんが、敷きわらの上に、油かす、魚粉などを発酵させてつくった有機配合肥料をまんべんなくまき、木酢または竹酢50倍液を散布します。こうすることで病気の予防に役立つほか、敷きわらが発酵して、土の団粒化を促進させる効果があります。

**その他**　植え替え、剪定、芽かきは行いません。ただし、株元から発生したシャクヤク台木の芽

株元から発生したシャクヤク台木の芽。元からかき取るが、ボタンの芽と見分けがつかない場合は、葉が開くのを待って行う



 P/JBP-M.Sekizawa

は、かき取ります（見分けがつかない場合は葉が開くのを待って行うのが安全）。

'八千代椿' の新葉

'芳紀' の新葉

## ●鉢植えの管理

**置き場**　特に日光を必要としている期間です。日当たりのよい場所に置いてやります。

**水やり**　鉢植えは庭植えに比べ、生育が10日ほど早まります。鉢土の温度が庭の土より高くなり、根の活動がそれだけ活発になるからです。そこで、水やりの回数も次第にふえてきます。

**肥料**　3月に施してなければ施します。

**その他**　各種の管理は庭植えに準じます。

**病害虫対策**　庭植えに準じます。

## ●寒ボタン

秋から冬にかけて、冬枯れの姿に美しい花を咲かせてくれた株も、花を咲かせなかった株も、この時期になれば、春ボタンと同じ生育状態になっています。引き続き、春ボタンに準じた管理を行います。

‘日月錦’の新葉。頂部には小さな蕾がのぞいている

‘渡世白’の蕾。こうした品種によって異なる新葉や蕾の色などを観察するのも興味深い



## 草取りによって衰弱することもある

雑草の繁殖力の強さに閉口し始めるのがこの時期です。ボタンかわいさのあまり、1年間せっせと草取りをしたことがあります。さぞや立派な花を咲かせてくれるはずと思いきや、結果はその逆でした。原因は、草取りをするたびに周囲の土を踏みつけたことと、土を日光に直接当てたことで、土焼けを起こさせたためでした。

そこで、多少の見栄えよりも、肝心のボタンの生育が第一と考え、改めて土づくりをし直したところに弱った株を植え替え、通年、敷きわらを敷いたままにしました。

生育の向上が見られたことはもちろんのことですが、こうしておくと土の表面が固く締まりにくいため、それまで簡単には抜けなかった雑草が、思いのほか楽に抜けるのには驚きを覚えました。株の回りにブロックやごろた石を巡らせて、土を踏まない工夫をしてやることも大切なことです。

 P/JBP-M.Sekizawa

# 5月

**庭植え**　土が乾いたら、たっぷりと水を与える。翌年の花芽形成のために3月に準じて肥料を施す。摘蕾、花がら摘みを忘れない
**鉢植え**　風通し、日当たりのよい場所に置く。開花時は雨よけを

'花王'（かおう）　花立ちのよい強健品種

## 今月の株の状態

待ちに待ったボタンの季節です。葉もひととおり広がり、大きくふくらんだ蕾の先から、色づいた花びらが顔をのぞかせています。ボタン愛好家の間では、この状態の蕾が開花に向かってほころび始める動きを「もみ出す」という言葉で表現します。

このときの動きはじつにダイナミックで、朝にもみ出した蕾が、昼には咲いています。そして夕方になると閉じ、翌朝にまた開きだします。こうして1日ごとに花を大きくしながら、少し

ずつ花色を変え、芳香を漂わせます。

## ●庭植えの管理

**水やり**　この時期は特に大量の水を必要とします。自根がまだ発達していない株では、土が乾いたらたっぷりと水を与えます。

**肥料**　花後、すぐに翌年の花芽形成が始まります。そのための肥料分を必要とするので、3月より少なめにお礼肥を施します。

**病害虫対策**　前月に続いて、ボトリチス病（灰色かび病）が出やすい季節です。薬剤を散布します。筆者は木酢または竹酢50倍液と交互に散布しています。

**摘蕾**　花数を調整し、株の負担を軽減する作業が摘蕾で、苗木には欠かせない大切な作業です。ただし、新しく伸び出た茎がまだ太りきっていない段階で、小さな蕾を切ってはいけません。生育が止まってしまうからです。蕾がもみ出したころ、茎を10cmほどつけて切り取ります。この蕾は、水を張った花瓶にさして開花させ、切

### 摘蕾

株の負担を軽くするために、蕾がもみ出したころ、茎を10cmほどつけて切り取る

切り口には癒合剤を塗って、保護しておく

切り取った蕾は水あげし、花瓶にさして咲かせるとよい


P/JBP-M.Sekizawa

り花として楽しんでください。

**花がら摘み**　花形がくずれかけたら、直ちに摘み取ります。この作業は翌年の花のよしあしにかかわる重要な作業です。

## ●鉢植えの管理

多くの植物が春の日ざしと雨をもらって勢いよく成長します。ボタンも1年のうちで最も多くの水分を必要とする期間です。特に鉢植えの場合、水切れには十分注意しましょう。

**置き場**　風通しがよく、日光がよく当たる場所に置きます。日光が不足すると、花色が薄くなります。ただし、必ず栽培棚やレンガ、ブロックなどの上にのせ、鉢底に水がたまるのを防止します。鉢を直接地面に置くと、排水不良となるほか、アリなどが鉢内に容易に侵入します。

**水やり**　水は1日1回、たっぷりと与えますが、乾燥した風が吹くと、2回与える必要も生じてきます。鉢土の乾き具合と葉の垂れ具合をよく観察しながら、水の与え方に慣れてください。開花前や花後の株は、雨に十分当ててやり、自然環境に慣らしてやります。

**肥料**　花後、有機配合肥料を3月よりも少なめに施します。

**開花株の雨よけ**　開花した花の花形を長くしっ

**花がら摘み（花もぎ）**

花形が崩れかけたら、早めに子房ごと摘み取る

N.Shibasawa

肥培による花色の違い。左は庭植え、右は鉢植え（品種は‘花競’）

5月

かり保つには、傘を立てかけるなどの雨よけを施すか、軒下などに移してやりましょう。

**◎新たに購入した鉢植えボタンの管理**

多くの園芸好きの方が鉢植えのボタンを購入する季節です。毎年花を楽しむためには、次のような管理をしてください。

まず、鉢植えボタンは、販売目的のための植え方、つまりシャクヤク台木の長い根を切り詰めて鉢上げされています。そして最小限の土と肥料で植えられているということを知っておいてください。そこで次のようにします。

**①早めに花を切り取る**　株の衰弱を防ぐために、開花寸前に開き始めた花を切り取ります。

**②有機配合肥料を施す**（32ページ参照）　肥料あたりを防ぐために、化成肥料は用いません。

**③用土を補充をする**　つぎ木台が露出している場合は、用土を加えてつぎ木部が隠れるように

 P/JBP-M.Sekizawa

します。用土を加えるには鉢が浅すぎるような場合は、鉢の縁に市販の鉢底用のネットを巡らして、土がこぼれるのを防ぐとよいでしょう

**④腐葉土を敷く**　鉢土の表面に腐葉土を軽く敷き、乾燥を防止し、微生物の増殖を促します。次に、木酢50倍液を1回、水やり代わりに株全体にたっぷりと与えます。株の健全化と、肥料の発酵促進が目的です。

**秋まで植え替えは行わない**

原則として植え替えは行いません。植え替えは、ボタンの発根が盛んに行われる9月から10月まで待ちます。

**やむをえず植え替えるときは**

ただし、状態が思わしくなく、どうしても植え替えなければならない場合は、根鉢をくずさないように注意して行います。植え込むときも、用土を棒で突いたり、鉢をたたいたりせず、水やりで根と土をなじませます。植え替え後は涼しい場所に置き、乾かし気味に管理します。夏場の暑さには、特に注意をはらってください。

## ●寒ボタン

春咲きのボタンの管理に準じます。

### 購入した鉢植えの応急処置

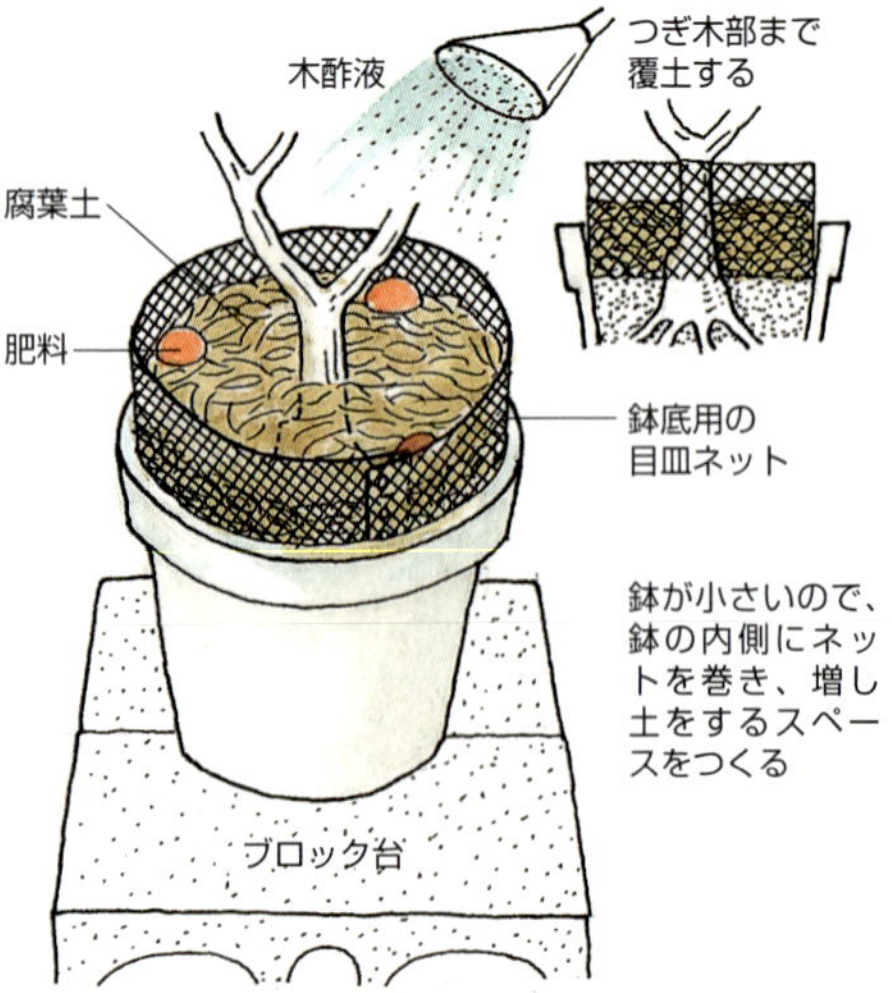


I/Y.Koyanagi

## 園芸品種にかかわったボタンの原種は

栽培されているボタンの起源は、いまだに謎に包まれています。園芸品種にかかわってきた野生原種は、100年余りの間、5〜6種とされていました。

ところが北京林業大学の王蓮英教授は、1998年、島根県で開催されたボタン国際シンポジウムの講演で、現地調査や科学的調査の結果、今日の園芸品種にかかわっている原種は8種、2変種、1生態であると発表しました。それまで原種とされていた*Paeonia suffruticosa*の実在を明確に否定し、栽培品種は多種の原種が複雑に関係し合ってできていることを証明し、同時に、栽培品種の学名を*Paeonia×suffruticosa*で統一することを提案しました。

王教授によって、園芸品種にかかわったとされる野生原種は次のとおりです。

矮牡丹（稷山牡丹）*P.spontanea*
卵葉牡丹*P.qiui*
紫斑牡丹*P.rockii*
楊山牡丹*P.ostii*
四川牡丹*P.dcompsita*（*P.ezechuanica*）
狭葉牡丹（保氏牡丹）*P.potaninii*
紫牡丹（野牡丹）*P.delavayi*
黄牡丹*P.lutea*
大花黄牡丹*P.lutea* var.*ludlowii*
金蓮牡丹*P.potaninii* var.*trollioides*
白蓮牡丹*P.potaninii* f.*alba*

なお、これらの原種は植物資源として大切に保護されているため、入手はきわめて困難です。筆者は四川牡丹、ブータン産のルテア以外の栽培経験がないため、原種の解説は省略します。

ブータン産の黄牡丹（*P.lutea* ）

# 6月

**庭植え**　梅雨に備え、植え場所の水はけをチェックする。枝が間のびするのを防ぐために、芽つぶしを行う
**鉢植え**　5月の管理に準じる

'黒龍錦'　紫黒色で、外弁に白絞りが入る

## 今月の株の状態

赤紫色をしていた若い葉もすっかり緑色の成葉となり、盛んに光合成をしています。葉元には来年の芽がふくらみ始めています。葉と葉との間隔が長かったり、短かったり、茎の伸び方がまっすぐだったり、1節ごとに曲がったりと、生い茂る葉と幹を観察するだけでも、品種によってさまざまな個性があることがわかります。

### ●庭植えの管理

中旬になると、梅雨が始まります。ボタンは

多湿を嫌うので、株元に水がたまるようであれば、周囲に排水溝を用意する必要があります。

**水やり** 土が乾くまでは必要ありません。

**肥料** 翌年の花芽形成のための肥料分を必要とします。前月に施していない場合は、有機配合肥料を3月より少なめに施します。

**病害虫対策** 前月に準じます。

**芽つぶし** 多くの樹木類が、側芽よりも頂芽のほうが優先的に伸び出る性質をもっていて、この性質を頂芽優勢といいます。特にボタンは、頂芽優勢の性質がきわめて強い植物で、ほうっておくとどんどん頂芽だけが伸びて、ひょろひょろとした姿に育ってしまいます。そこで、花芽を充実させるためと、枝の間のびを防ぐ目的で、芽つぶしを行います。枝こそ切りませんが、春の剪定と思えばよいでしょう。

方法は、今年伸び出た茎に発生した側芽を、

6月

## 芽つぶし

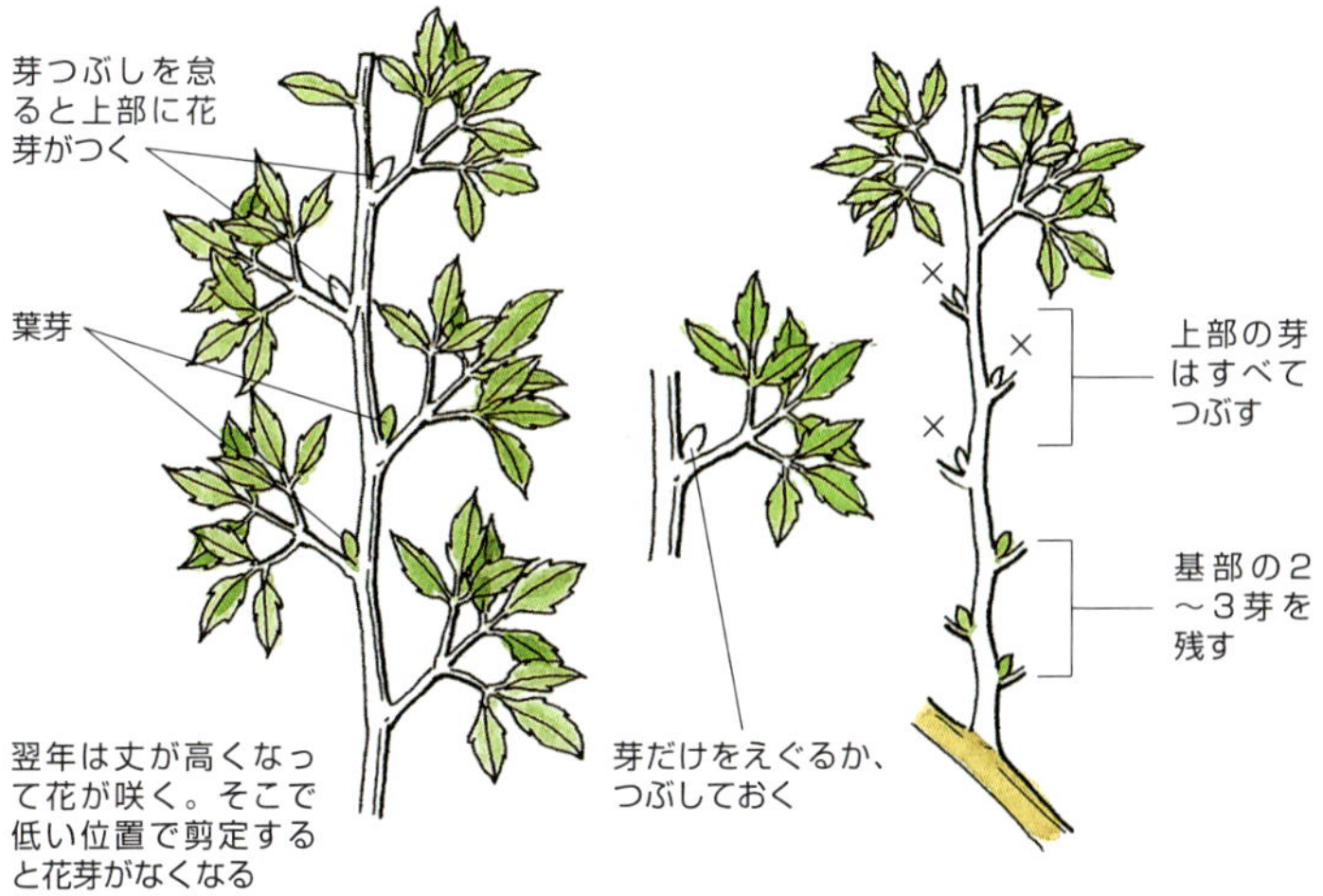
芽つぶしを怠ると上部に花芽がつく
葉芽
翌年は丈が高くなって花が咲く。そこで低い位置で剪定すると花芽がなくなる
芽だけをえぐるか、つぶしておく
上部の芽はすべてつぶす
基部の2～3芽を残す
×
×
×

下から数えて2芽だけを残し、ピンセットを使ってつぶします。

秋には、この残した芽の上で剪定をしますが、芽のない葉も秋まではしっかり残し、光合成をさせたいので、まだ、剪定をしてはいけません。

**ひこばえの整理**　ボタンの自根がしっかり張っている株からは、何本ものひこばえが伸びてきます。ひこばえの発生は、自根の発生を促しますから、あながち悪いことともいえません。幹数が少ない場合、そのうちの何本かを育ててやりますが、込み合う芽は早めにかき取ります。

ただし、同じこの時期に台木から台芽のシャクヤクが伸びてくることもあります（35～36ページ参照）。これを放任すると肝心のボタンの樹勢を弱らせるので、生え際でかき取ります。

昨年秋に鉢植えにした‘緑胡蝶’（左）と、同時につぎ木をした苗（右）の生育状態

## ●鉢植えの管理

庭植えに準じ、芽つぶしを行います。その他は5月の管理に準じます。

## ●寒ボタン

春咲きのボタンの管理に準じますが、芽つぶしは行いません。

## ボタンの変異（枝変わりと先祖返り）

サツキやツバキをはじめ、多くの園芸植物で、枝の一部に他の枝とは形質の異なった花が咲いたりすることがあります。これは突然変異によるもので、この部分をさし木やつぎ木などで切り離して増殖しても、新しく出た形質が固定されると、元木とは別の品種が誕生します。ボタンも例外に漏れず、枝変わりで生まれたいくつかの品種が受け継がれています。主な例をあげてみましょう。

‘太陽’（赤千重中輪）→‘島錦’（赤地に白縞。花形は変わらない）

‘島大臣’（紫千重大輪）→‘春の粧《よそおい》’（桃千重大輪）

‘錦の褥《しとね》’（赤中輪。絞りを強く出すこともある）→‘綴れ錦’（桃地に赤の竪絞り。小輪、鋸歯弁。細葉になり、波打つ）

‘二喬’（中国ボタン。紫千重を‘紫二喬’、桃千重を‘粉二喬’ともいう）→‘花二喬’（紫、桃、紫地に桃の絞りと3色咲き）

‘太陽’（赤無地）と、‘太陽’から枝変わりで生まれた‘島錦’（絞り咲き）

**変異の共通点**

・濃色から薄色、または白色になる。
・大きさは小さくなるか、変わらない。大きくはならない。
・枝変わり品から元木に返る（先祖返り）こともあるが、元木に戻ったものは安定性が高く、再び枝変わりすることはまれである。

 *P/JBP-M.Sekizawa*

# 7月

**庭植え** 風通しを図るとともに、庭木の剪定をするなどして日当たりを確保する
**鉢植え** 強い直射日光は避ける。鉢土の表面が乾いたらたっぷりと水を与える

## 今月の株の状態

下旬になって、ボタンの嫌う梅雨をようやく乗り越えたと思うと、次は苦手な暑さとの闘いが始まります。こうした厳しい環境のなかでも、株は花芽の形成を終え、養分の吸収と貯蔵を盛んに行います。

初めてボタンの花を見た人は、「こんな小さな木に、どうしてこれほど大きな花を咲かせることができるのだろう」と不思議に思えるにちがいありません。樹高の低いボタンは、大輪の花を咲かせるために、長い進化の過程で、大きな葉と、大量の養分を蓄えることができる太い根を身につけたのです。

### ●庭植えの管理

秋までの限られた短い期間で、翌年の成長、開花に必要なエネルギーを蓄えなければなりません。そこで、葉を傷つけたりしないよう注意し、株を蒸らさないよう、風通しを図ります。庭のほかの樹木類も盛んに生育している時期なので、邪魔な枝を適時剪定して、ボタンへの日当たりと風通しを確保してください。

**水やり**　土が乾いたら水やりを行います。この季節の水やりで注意したいことは、水道栓を使っての水やりです。日なたに置かれたホースの中の残り水は高温になっています。しばらく水場で出しっぱなしにして、水が冷めたのを確認してから与えるようにしてください。

**肥料**　施しません。ただし、この時期に秋に使用する有機配合肥料をつくっておくとよいでしょう（55ページ参照）。

マルチングを施さないなど、放任されてきたために衰弱してきたボタン

**病害虫対策**　葉に病状が現れる時期です。葉先が枯れる、葉脈の間が枯れる、カビの発生などがあげられます。

花芽の中にメグサレセンチュウが入り込むのも、このころです。また、地下部ではネグサレセンチュウが根の傷をねらっています。

水の与えすぎ、植えてある場所の排水不良、通気不良などが、病原菌やセンチュウなどを育てているのです。これまでの管理方法を再検討し、発病の有無にかかわらず、薬剤を散布します。筆者は木酢（または竹酢）50倍液と交互に散布しています。散布は葉の表面だけでなく、必ず葉の裏側にも散布します。

すでに病状の出ている葉をどうするかですが、傷みの激しい葉だけを切り取り、できるだけ残すように心がけてください。

7月


P/N.Shibasawa

また、食害や吸汁を受けた葉を見つけたら、葉の裏側を見てください。葉柄に形も色もそっくりなシャクトリムシやケムシなどがひそんでいます。発見したら捕殺するか、殺虫剤（スミチオン乳剤、オルトラン水和剤、ディプテレックス乳剤など）を散布して駆除します。カイガラムシを見つけたら、ブラシでかき落とします。

ボタンは、単独の病害菌や害虫だけでは枯死には至りにくいものです。複数の病害や虫害が重なり合って衰弱していきます。

**その他**　特に行いませんが、日ざしが強く、葉焼けや土焼けのおそれがあれば、西日よけ程度の日よけをするとよいでしょう。

## ●鉢植えの管理

夏期は葉を大切に育てることを心がけます。

**置き場**　梅雨の雨に当たるのはかまいませんが、地面に直接置くのは避けます（40ページ参照）。下旬になって梅雨が明けると、真夏の太陽が照りつけ、鉢土の温度は30℃以上にもなりますから鉢植えのボタンには過酷です。風通しのよい木陰に移したり、日陰をつくって強い直射日光を遮り、鉢土の温度上昇を抑えると、葉の色が美しく保たれます。

**水やり**　梅雨明けを境にして鉢の乾き具合が早まります。乾かしすぎると吸収根の先端が枯れてしまうので、鉢土の表面が乾いたらたっぷりと与えます。

**肥料**　施しません。

**病害虫対策**　庭植えに準じます。

**鉢植えボタンが衰弱したら**　春に購入した鉢植えボタンが、小さな葉のまま衰弱していくことがあります。主な原因は次の２つです。

## 大輪種と巨大輪種

ボタン好きの方なら、だれもが一番大きな花の咲く品種を育ててみたいと思うことでしょう。品種の解説が掲載されている園芸書や、通信販売のカタログを見ると、花の大きさを表す基準として、小輪、中輪、大輪、そして大輪種よりさらに花径が大きい巨大輪という表現が使われています。しかし実際に育ててみるとわかることですが、巨大輪種と大輪種との明確な区別はできないのです。花の大きさは、植え場所や天候、肥培管理などに大きく影響されます。また、樹齢によっても花の大きさは異なり、10年生前後の若木が、一番大きな花を咲かせるようです。

巨大輪とされる‘長寿楽’

花も木も中型の‘織姫’。鉢栽培用に、こうした小型、中型の品種がもっと育成されてもよい

さて、巨大輪という分類がいつごろから始まったのかは定かではありません。江戸時代や明治維新当時の人たちにとって、ボタンの花は大輪であると相場が決まっていたようで、品種による花の大小にこだわりはなかったようです。特別大きな花は、侘寂《わびさび》、粋を重んじる人たちからは敬遠されていたかもしれません。

巨大輪という分類は、ボタン苗が通信販売で広く取り扱われるようになってから、セールスポイントとして使われ始めたのではないでしょうか。中輪種に分類されている品種でも、花数を少なくして肥培すれば、大輪の花を咲かせます。

大切なことは、花の大きさより、その品種がもつ花の特徴を十分に引き出してやることです。



 P/JBP-M.Sekizawa

**A**新根の張りが不十分なのに花を咲かせた（花が摘みが遅れた）ため、養分を使いきり、根の活動が葉の成長に追いつけなくなっている状態です。病気ではありません。5月の応急処置に準じて土増しをしてください。

**B**根の傷口が黒褐色に腐敗して腐臭を放っている株は、傷口から紋羽病菌やネグサレセンチュウなどが侵入したためです。根黒斑病（クロ）は代表的な根の病気です。この場合は、そのままにしておくとやがて枯死します。適期外れの作業になりますが、次の方法で植え替えをしてください。

**《罹病した根の処理》**鉢から株を抜いたら、新根を傷めないよう注意して傷口を削り、木酢20倍液に1時間ほど浸します。

**《葉を切り詰める》**蒸散作用を抑えるために、葉を1/3～1/2ほど切り詰めます。

**《植え込み方》**①根とつぎ木部が収まる大きさの深鉢を用意し、鉢底にはゴロ土（中粒の硬質土）を薄く（1cmほどの厚さ）敷きます。②用土は黒土または庭土に腐葉土を1/3～1/2混ぜたものを使います。赤玉土を使用するときは黒土の1/3程度とし、小粒または中粒のものを、みじんを抜かずに使用します。③ゴロ土の上に用土を敷き、苗を据えて、つぎ木部が鉢に収まっていることを確認してから、つぎ口が隠れるまで用土を入れます

**《最初の水やり》**少量（半握り）の有機配合肥料を粉状にし、鉢土全体にふりかけ、木酢（竹酢）20～30倍液を鉢底から流れ出るまでたっぷりと与えます。

**《その後の管理》**涼しい場所に置き、水を控えめにして秋まで様子を見ます。9月に剪定または切り戻しを行い、有機配合肥料を施して、以

後は通常の管理を行います。急激な回復は望めませんので、気長に管理してください。

（注）鉢植えのための用土（配合した用土を1か月以上ねかせてつくる。56ページ参照）が準備されていれば一番よいのですが、この場合は重症のボタンを助けるために行う適期外れの緊急処置作業ですから、即席の用土でしかたありません。

### ●寒ボタン

春咲きのボタンの管理に準じます。

## 今月の作業

### ●庭の土づくり

ボタンの植えつけ、植え替えは9月が適期です。この秋、植え場所を変更するとか、新たに苗を植える計画があれば、今のうちに予定地を耕して土づくりをしておきます。このとき大切なことは、植え穴の近くだけでなく、土壌環境を安定させるために、できるだけ広い範囲を耕しておくことです。

**作業のあらまし**

①深さ50㎝を目安に耕したら、平らにならします。

②厚さ10㎝ぐらい（砂質土の場合はさらに厚め）に堆肥や腐葉土を敷きます。

③油かす、米ぬか、魚粉などの肥料を、1㎡当たり二握りほど、堆肥に混入します。

④土に堆肥を混ぜ合わせながら、木酢（竹酢）30倍液を、1㎡当たり2ℓほど散布します。

⑤表面を平らにならし、敷きわらをして秋までねかせます。

有機質が多く含まれていれば、石灰類をまく必要はありません。

7月

酢の発酵促進作用で、腐葉土や肥料に棲息している微生物が土中の微生物群と混じり合い、量をふやし、その結果、土の団粒化が進んで土壌を豊かにします。

微生物の種類と量が多ければ、微生物どうしの戦いも激しさを増します。いわば、善玉菌と悪玉菌が引き分け試合を繰り返すことによって、病気の抑止と根の活性化が促進されます。

高濃度の殺菌剤や、殺虫剤の過度な使用は、菌類全体を死滅させ、生命力の強い悪玉菌の復活を助長させます。

## ●手づくりの肥料をつくる～ボタンのごちそうづくり

ボタンのごちそう（肥料）としておすすめの「手づくり有機配合肥料」をつくりましょう。気温の高い季節ほど早くでき上がります。悪臭を出さない発酵方法をお教えします。

**【材料】** 油かす1に対し、米ぬか1、魚粉0.3、腐葉土0.3の割合。このほか、材料を攪拌するのに用いる木（竹）酢20倍液と発酵促進剤。

**【容器】** ポリバケツ、発泡スチロール製の箱など。

**つくり方**

①大きめの容器に、油かす、米ぬか、魚粉、腐葉土を前記の割合で入れ、手でかき回しながら発酵促進剤を少量ずつ加えます。

②木酢（竹酢）20倍液を少量ずつ加えながら、さらに攪拌します。木酢（竹酢）液の量は、材料を強く握りしめて、手のひらに水分が付着する程度が目安です。

③発酵用容器に固く押しつけながら入れ、表面を平らにならします。

④容器に布や細かめのネットをかぶせ、雨の当

## 手づくりの有機配合肥料をつくる

油かす、米ぬかなどの有機質（P54）を、木酢20倍液を少量加えながら混ぜる

よく混ぜる。木酢液の量は材料を握りしめて手のひらに水分が付着する程度

発酵用の容器（発泡スチロール製の箱など）に移す

手のひらで、固く押しつけながら収め、表面を平らにならしておく

ふたをする。2週間後に材料の上下を入れ替え、再度、容器中に押しつける

2か月後には完全に発酵しきって、肥料として使用できる状態となる

たらないところに置きます。重しをのせると発酵が早まり、60℃以上の高熱が発生します。火災の危険があるので絶対に避けてください。

⑤2週間後に材料の上部と下部を入れ替え、再度、容器の中に押しつけます。このとき乾燥していたら酢液を加えます。

⑥1か月ほどたって発酵が終わったら（発酵熱がおさまるので判断できます）、



 P/JBP-M.Sekizawa

密封して涼しい場所に移し、秋に使用します。

アンモニア臭が発生するのは、水分の過多、酸素不足、石灰の混入が原因です。

発酵が順調に進むと、甘酸っぱいぬかみそに似たにおいがしますが、この程度のにおいは許していただきましょう。

### ●鉢植え用の土づくり

鉢栽培を計画している場合は、秋に備えて、今のうちに用土をつくっておきます。しっかり根を育てるためには、団粒構造で排水性、保水性に富み、微生物の働きが活発な土を使う必要があります。それには、市販の培養土を購入してすぐに使うより、よくねかせて発酵させた手づくりの用土が一番です。筆者が行っている用土づくりの配合例をあげておきましょう。

**［50ℓの用土をつくるとき］** 黒土30ℓ、赤玉土9ℓ、腐葉土9ℓ。これに、発酵材として油かす、米ぬか、魚粉を各二握り。それぞれをよく混合しながら、木酢（竹酢）30倍液を2ℓほど加えます。これをビニール袋に入れ、密封せずに暗い場所に保管します。1か月後に上部と下部の土を入れ替えて、均一な発酵を促します。

なお、鉢植え用土として、庭植え用につくった土（53ページ参照）を用いてもかまいません。

**みじんを抜く必要はない**

用土をふるいにかけてみじんを抜く必要はありません。ボタンの土づくりにとっては、みじんは大切な作用（団粒化）を担います。団粒化（土の粒子が、微生物の働きにより有機質と結合し、小さな塊になる）された用土は、湿らせても、強く握りしめたあと、さらさらとほぐれます。排水性や通気性を、硬質の用土の粒径に頼るのは、ボタンの生育にはよくありません。

## 鉢植え用の土づくり

主材料は①黒土、②腐葉土、③赤玉土。これに油かす、米ぬか、魚粉を56ページの本文に記した割合で加える

攪拌するための大きな容器に、黒土を入れ、赤玉土を加える

さらに、腐葉土を加える

発酵材として米ぬか、魚粉を加えたら、手でよく混ぜ合わせる

木酢30倍液を少しずつ加えながら、さらに混ぜ合わせる

木酢液の量は、混ぜた材料を握ると塊になり――

手で軽く突きくずすと、すぐにぼろぼろとくずれる程度がよい

混ぜたばかりの状態（左）と、2か月ほどたって発酵済みの用土（右）

 *P/JBP-M.Sekizawa*

# 8月

**庭植え**　葉が垂れているときは根腐れに注意。葉焼け防止に日よけ、マルチングを
**鉢植え**　木もれ日が当たる程度の、風通しのよい涼しい場所に

## 今月の株の状態

8月下旬の芽の状態

ボタンは猛暑に耐えながら芽を太らせています。日中、ぐったりと大きく垂れていた葉も、根が健全であれば、夕方涼しくなると盛んに水を吸い上げるので、元に戻ります。

つまり、この葉の戻り具合で、その株の根の状態を判断できるというわけです。

### ●庭植えの管理

**水やり**　乾いたら水を与えます（49ページ参照）。ただし、葉が垂れたまま元に戻らなくても、急いで水を与えてはいけません。土が湿っているのに葉が垂れているときは、暑さのために根が活動を休んでいるか、根に障害が発生したのです。こんなときに水を与えると、ますま

P/JBP-M.Sekizawa

す根を傷め、根腐れを助長してしまいます。

根腐れを起こしたと思われる株は、水やりを控えめにし、秋の植え替えを待ちます。

**肥料**　施しません。

**葉焼けの防止**　葉が果たす役割はあと2か月ほどです。限られた期間で翌年の生育に必要な養分をつくらなければなりません。できるだけ葉を傷めないように管理します。健全な株ほど葉焼けの害は受けにくいものですが、根の張りが不十分な株や、病虫害を受けた葉は大きな被害を受けます。そこで、よしずなどで日よけをしてやります。また、庭土が露出していると照り返しで葉焼けが進むので、マルチングをして照り返しと地温の上昇を防ぎます。

**病害虫対策**　大きな害虫は見つけしだい捕殺し、小さな害虫には殺虫剤を規定の使用方法で使用します。うどんこ病やすす病が発生したら、殺菌剤を規定の方法で使用します。筆者は木酢（または竹酢）30倍液を月に3回ほど噴霧しています。

## ●鉢植えの管理

**置き場**　風通しのよい涼しい場所に置きます。ただし、木もれ日程度の日光は必要なので、終日、日の当たらない場所は避けます。

**水やり**　午前中の涼しいうちに、鉢底から流れ出るまでたっぷりと与えます。

**病害虫対策**　庭植えに準じます。

**枝絞り**　台風の通過が予測されたら、株全体をひもで軽くまとめて縛るか、主幹と枝を結わえてやり、枝裂けを防止します。

## ●寒ボタン

春咲きのボタンの管理に準じます。

8月

# 9月

**庭植え**　肥料を施してから敷きわらを元に戻す。下旬から、葉刈り、剪定、植えつけ、つぎ木などの作業適期となる
**鉢植え**　庭植えに準じて下旬から葉刈りや剪定を。3年に1度は植え替えを

夏越しした庭植えのボタン

## 今月の株の状態

中旬までは、まだ夏の暑さが続きますが、朝夕の気温は次第に下がり、過ごしやすくなります。涼しくなるにつれて、ボタンの根も再び活発に動きだします。翌年の芽も大きく育ち、緑色の葉は、そろそろ役割を終えようとしています。ボタンにとっては、新しい1年が始まる月です。

## ●庭植えの管理

**水やり**　乾いたときは、湿り程度の軽い水やり

## 主な病害虫

葉に現れた病害の症状。葉焼けや害虫の食害による外傷などからさまざまな病菌が侵入し、体力の弱った株ほど複合的な被害をこうむる

シャクトリムシ

ミノムシ

を行います。

**肥料**　3月と同じように、いったん敷きわらを取り除き、株のまわりに発酵済みの有機配合肥料（54〜55ページ）を、1株当たり三〜五握り程度施します。

**土寄せ、敷きわら**　施肥と同時に土寄せも行い、敷きわらを元に戻します。土が透けて見えるときはわらを補充しますが、新たに敷いたわらや腐葉土には有機質肥料を粉状にして軽くふりかけ、木酢30倍液を散水しておきます。敷きわらが病気の発生源とならないための作業です。

**病害虫対策**　健康な株づくりのために、筆者は木酢50倍液を月に2回ほど散布しています。

### 下旬から適期を迎える作業

#### ●葉刈り

この時期に、まだ緑を残している葉を切り落





P/JBP-M.Sekizawa

## 葉刈り [適期=9月下旬〜10月上旬]

芽を充実させるために葉刈りを行う。葉柄を少し残してハサミで切り落とす

葉刈り作業が済んだ状態。残した葉柄は自然に枯れて落ちるのを待つこと

## 剪定 [適期=9月下旬〜10月上旬]

葉刈りと同時に剪定を行う。不要枝を整理するほか、芽つぶしをしたあと残しておいた上部の芽のない部分を切り詰める

剪定作業が済んだ状態。切り口にはつぎロウなどを塗って保護しておく

## 施肥、土寄せ、マルチング ［適期=9月下旬〜10月上旬］

いったんマルチングを外して、株の周囲に有機配合肥料を三〜五握り施す

表面の土と施した肥料とを、浅く混ぜ合わせる

さらに、株元に土寄せをしておく（上根を育てるための大切な作業）

マルチングを元に戻す（わらが入手できなければ不用な麻布などでもよい）

とすのは、ボタンの生育に悪いように思われるかもしれませんが、そうではありません。多くのボタンが、多少なりとも二季咲きの性質を秘めています（二季咲きの性質の強い品種が寒ボタンです）。葉刈りは、この、ごく軽い二季咲きの性質を利用して、芽を充実させることを目的に行う重要な作業です。

葉刈りの仕方は簡単です。葉柄を少し残してハサミで切り落とし、残した葉柄は自然に落ちるのを待ちます。無理に取ろうとすると、芽を傷めることがあります。

### ●剪定

葉刈りと同時に剪定を行います。枯れ枝や込みすぎた枝、伸びすぎた枝、6月に芽つぶし（45ページ参照）をしたあと、残



 P/JBP-M.Sekizawa

## 花壇への苗の植えつけ ［適期=9月下旬〜10月］

花壇の土壌改良のために、完熟腐葉土（または堆肥）を用意する

花壇全体を、できるだけ深く（50cmが目安）、まんべんなく掘り起こす

石や根の残骸などが出てきたら取り除き、平らにならしておく

用意した腐葉土（または堆肥）を、厚さ10cmぐらいとなるよう、全面にまく

土とよく混ぜ合わせる。ここまでの作業は、7月のうちに済ませておくとよい

苗を並べて、植え場所を決める。苗どうしの間隔は70〜80cmはとりたい

植え穴の深さを決める。土寄せしたとき、つぎ木部が10cmほど埋まる深さに

購入した苗は、下方の小さな芽を3個つけて切り戻す

改めて品種名を記入したラベルをつけ直してから、植え穴に苗を収める

中高となるよう覆土をする。苗全体が隠れてかまわない

植え終わった株の周囲に有機配合肥料を施す（施肥量はP66の本文を参照）

施した肥料が流れないよう、表面の土と浅く（2～3cm）混ぜ合わせておく

花壇全面に腐葉土（または堆肥）をまく。このあと、土が湿る程度に水を与える

乾燥防止と、表土が固まるのを防ぐために、敷きわらを敷く（マルチング）

わらの上に笹竹などを渡して押さえとし、端部を杭に結わえて留めておく

植えつけ作業終了

しておいた上部の芽のない部分などを切り取ります。ボタンは切り口にカルス（癒合組織）ができにくく、枯れ込みやすいため、側芽を残して切り詰める場合は、芽の上部1㎝ほどを残して切り、芽を保護します。

切り口には、病原菌の侵入を防ぐために、つぎロウ、または木（竹）酢20倍液を塗っておきます。

## ●植え替え（花壇や畑で育てて、根がしっかりできている株の植えつけ方）

株を植え替える場合は、あらかじめ耕して土づくりをしておいた場所に植えます（55ページ参照）。

①植え場所の排水性を高めておくことが大切です。花壇の縁取りを石積み、レンガ、ブロック積みにする場合は、モルタルなどを使わず、空《から》目地《めじ》とします。また、水はけが十分でないような場合は、花壇のまわりを掘り下げたり、株のまわりに溝を掘るなどの方法があります。

②植え穴の大きさは、根が余裕をもって入る大きさとし、土寄せをしたときに、つぎ木部が10㎝ほど土中に埋まる深さとします。掘り上げた株の根の大きさに合わせて準備してください。

③掘り起こした株は、根が傷まないよう注意して水洗いしたあと、木酢（竹酢）30倍液に5分間ほど浸して、直ちに植えつけます。

④株を据えて株元に土をかけたら、根の範囲全体に、用意した有機配合肥料（55ページ参照）を散布し、植え土に浅く混ぜ合わせておきます。肥料の量は、3年生苗で二握り、5年生苗では四握りほどが目安です。

⑤植え終わったら、土の中が湿る程度に水やりをします（水分が多いと発根が遅れるので与え

すぎないこと）。

⑥最後に敷きわらをします。これは、地温を保たせ、乾燥のしすぎを防いで、発根を早めるために行うものです。もしわらが手に入らない場合は、腐葉土や不用な麻布など（植物質繊維なら何でもよい）で代用することもできます。

**植え替え直後の水やり**

植えつけたとき、たっぷり水を与えてはいけません。用土をあらかじめ湿らせておいて、軽い水やりで済ませます。その後も、水やりを頻繁に行うと、発根が促進されません。春先までは、過湿と過乾燥に注意しながら、少なめの水やりを行います。

## ●新しく購入した苗木の育て方

### よい苗の選び方

植えつけの適期なので、根巻き苗や鉢植えの苗が売り出されます。

ラベルの写真を見ながら好みの品種を選ぶのは楽しいものですが、品種が決まったら、並んでいるなかで一番よい苗が欲しくなるのは当然です。よい苗を選ぶためのチェックポイントをあげておきましょう。

**つぎ木2〜3年生の根巻き苗は**　ピートモスや黒い不織布に包まれているため、根を見ることができません。ただし、根の量が多いことが大切なので、まず、大きな包みを選びます。幹の背丈や頂芽（天芽）の大きさなどに惑わされてはいけません。そのうえで、つぎ木部に癒合組織がよくのり、幹元にみずみずしい芽をつけている苗を選びます。

**秋に売られる鉢植え苗は**　畑では大きかった根茎の苗が、切り詰められて小さな鉢やポットの真ん中に植え込まれています。根を見ることは

## 畑で育てた苗と市販の根巻き苗

（上）畑から掘り上げた苗。シャクヤク台木の根がしっかり成長している

（左）市販の根巻き苗。包みをほどいてみると、台木の根が、8割方切り詰められているのがわかる

できませんから、土を見ていつ植えたかを判断します。用土の表面に青ゴケなどが生えていて、幹が間のびしているものは、春に鉢上げして売れ残ったものの可能性があるので避けます。

ただし、鉢植えにしたものを1年間栽培し、2年目で出荷する生産者もあるので、幹と芽の大きさで判断し、2年目の苗なら安心です。

### 必ず、切り戻しをしてから植えつけること

つぎ木部の芽の上を1cmほど残した部位で切り戻して植えます。つぎ木部に芽がない場合は、一番下の芽を残して切り詰めます。花芽がついていても、惜しいなどと思ってはいけません。

その理由は、市販されているボタン苗は、シャクヤクの根についだもので、ほとんどは長いシャクヤクの根を短く切り詰めて売り出されています。そこで、地上部をそのままにして植えると、翌春は花が見られるかもしれませんが、

樹勢が著しく衰え、回復するまで何年もかかるばかりか、枯死することもあります。

しっかりした株に育てるためには、この植えつけ時の切り戻しを、必ず行ってください。苗を入手したときの一番のポイントです（植えつけ方は64、79ページを参照）。

**根と幹とのバランスを取り戻す**

翌年の開花は望めませんが、春になると土中から新しい芽が伸び出てきます。根の回復も進みます。まれに花をつける株もありますが、早めに切り取ります（5月の摘蕾に準じる）。

**秋に2回目の切り戻しを行う**

こうして夏を越し、秋を迎えたら、もう一度、新芽を2つ残して切り詰めます。株元の土が流失していれば土寄せを行います。さらに2年目の春には幹数もふえ、根の回復、自根の発根も進み、根と幹とのバランスがとれた株となり、立派な花を咲かせます。

このように、植えつけてからの2年間は、ボタンの株の一生を決める大切な2年間です（根の切り詰めが少ない苗であれば1年間）。

## ●つぎ木

ボタンの苗をふやすには、つぎ木が一般的です。自分の持っている品種をたくさんふやしてもしかたがないと思われるかもしれませんが、ふやした苗を花友だちにあげる楽しみもあります。秋に切り戻した枝を穂木として有効に使えるわけですし、何よりもつぎ木を行うことで、改めてほかの花木苗との違いがわかり、ボタンの性質を理解するのに役立ちます。

**適期**　8月下旬から9月下旬。夏の暑さが遠のき始めてからですが、地温が20℃以上あることが望ましい条件です。

9月

## [穂木と台木]

上段はボタンの穂木。頂部の天芽を利用する。秋に剪定した枝を利用してもよい。必ず品種名を記入したラベルをつけておく。

下段は台木とするシャクヤクの根。親指の太さほどある太い部分を利用する。陰干しして、できるだけ柔らかくしておくと作業しやすい

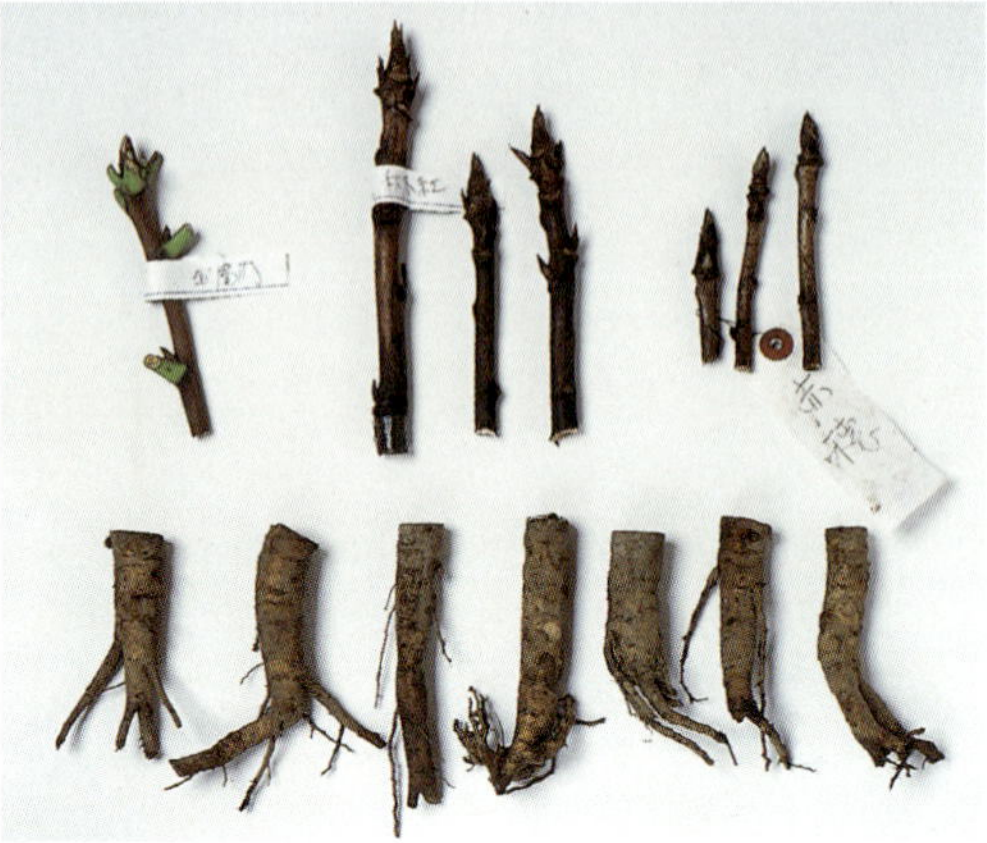

## [作業に必要なもの]

①ラフィア　②剪定バサミ（穂木の長さを調整するときに用いる）　③カッターナイフ　④ハサミ（ラフィアを切るときに用いる）　⑤鉛筆　⑥ラベル

## [台木の調整]

❶

切り口を薄く水平に削り直す

❷

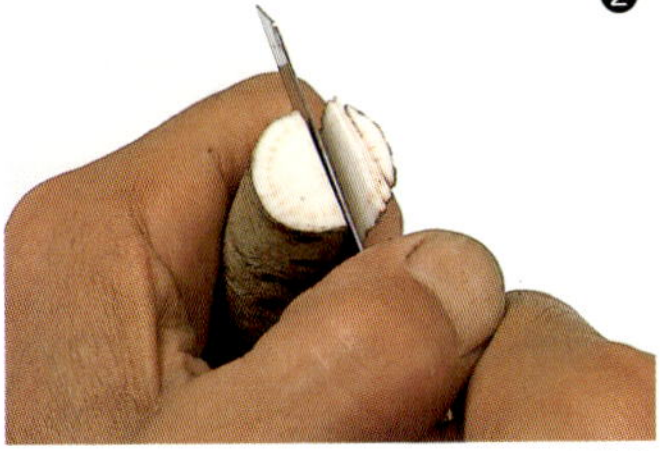

縁部に垂直に割りを入れる。深さは穂木との関係で、穂木の削った部分が少し台木の上に余るような深さに調整する

## [穂木の調整]

❶

穂木の切り口を斜めにそぎ取る

❷

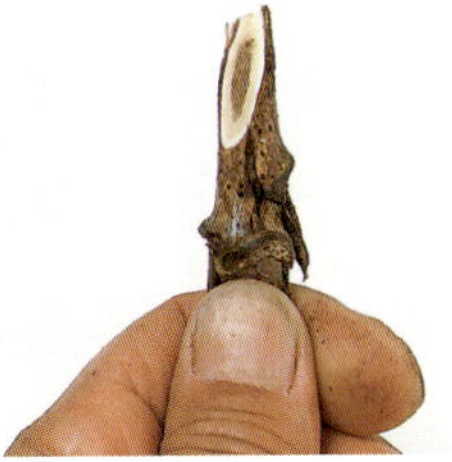

片面をそいだところ

❸

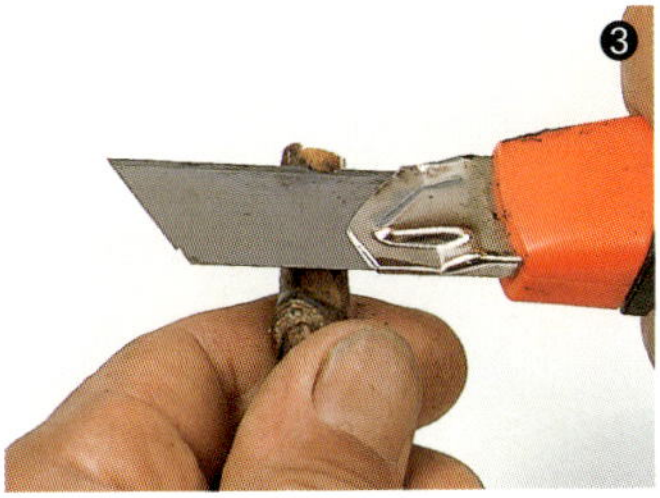

逆側をやや鈍角に切り返す

❹

くさび状に調整し終えた穂木

## つぎ木作業と植えつけ

調整した穂木と台木

台木に穂木を差し込む。奥まで差し込んで、穂木の削った部分が少し台木の上に余るくらいがよい

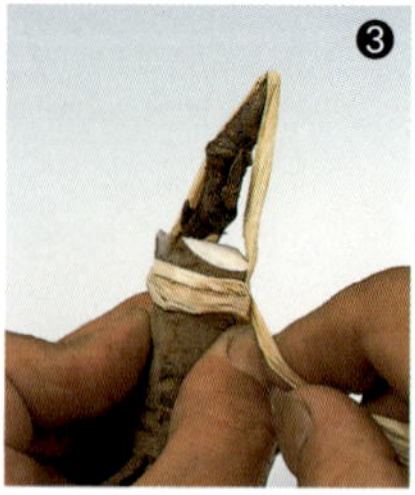


ラフィアを使って結わえる。ラフィアを一度、穂木の頂部にかけてから巻くと、しっかり結わえることができる

数回巻き終えたら、輪をつくってラフィアの端を通して結束する（この結わえ方は、釣りの際のテグスの結び方と同じ）

結束し終わったつぎ木苗

5号（径15cm）ほどの深いポットを用意し、あらかじめ湿らせた用土で植えつける

穂木の頭が隠れるまで用土をかぶせる。このときは水は与えない。春になるまで凍らない場所で管理する

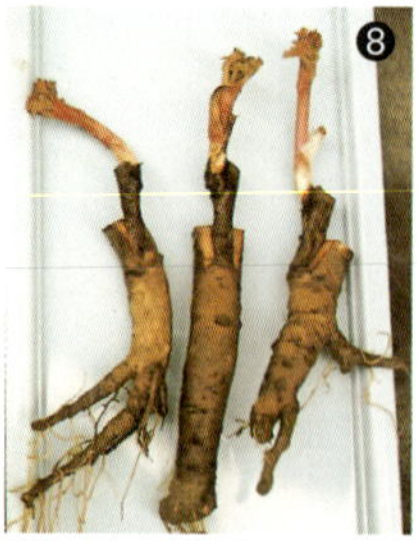


N.Shibasawa

翌年の3月、萌芽した当歳苗（1年生苗）の様子

P/JBP-M.Sekizawa

**材料と道具**　シャクヤク台木、ボタンの穂木、結束するためのひも、ナイフ、ハサミなど。

**作業手順**　71〜72ページの写真を参照。

**つぎ木した苗の植え方**　あらかじめ用土を湿らせておき、苗を収めたら穂木が隠れるまで土をかぶせます。湿った用土が乾くまで、水やりは行いません。雨よけに黒色ビニールのマルチングをしておき、春になって芽が伸び、ビニールがふくらんだら穴をあけます。

**肥料**　植えつけて1か月後に、マルチングを外し、有機配合肥料を一握り施して再度マルチングを戻しておきます。

**つぎ木苗の成長過程**

①活着した穂木は、翌春には伸び出して頂芽（天芽）をつけます。その年の秋に穂木の芽の下側から細い自根を2〜3本出します。この状態が1年生苗です。

②秋に基部の3芽を残して切り戻します。間のびを防ぐためと、穂立ち（株立ち）をよくするのが目的です。

③さらに次の年の春、幹数がふえ、自根も成長します。秋になったら、この2年生苗の基部の2芽を残し、2回目の切り戻しを行い、細い苗は根元で切り取ります。

④次の年の春にはさらに幹数がふえ、根の太りが早くなります。こうして秋には花芽が数個つき、3年生苗が完成します。

切り戻しを行わないと、幹は枝を出さずに、どんどん上に伸び、間のびして細くなってしまいます（ボタンは頂芽の優性がきわめて強いため、わき芽は休眠して隠れた潜芽《せんが》となる）。

一般の花木は穂木をそのまま育てますが、ボタンは穂木の基部の芽から育て直さなければならないので、大きな株に育つまでには年数がか

9月

## つぎ木苗の育て方

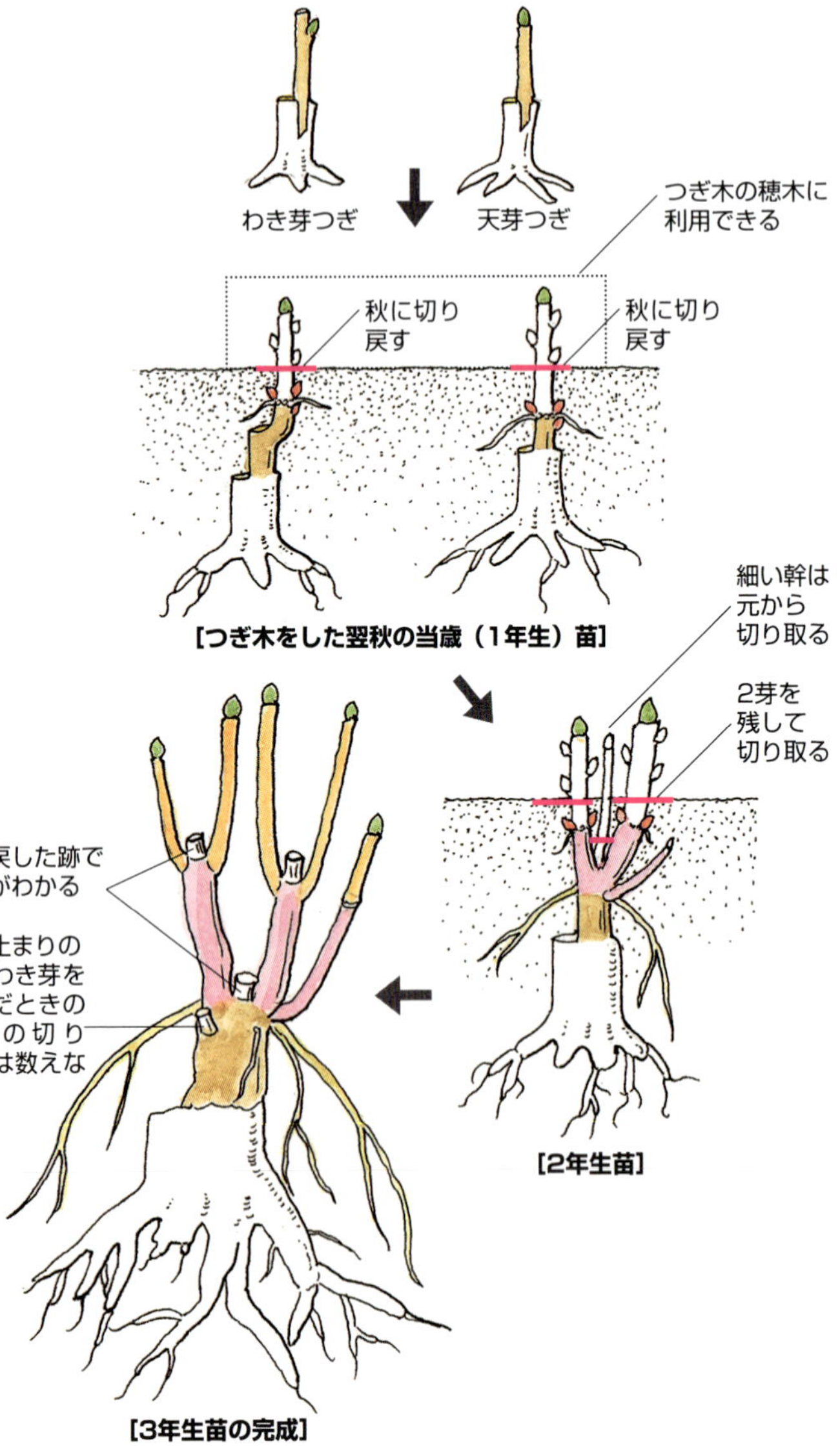

わき芽つぎ
天芽つぎ
つぎ木の穂木に
利用できる
秋に切り
戻す
秋に切り
戻す
[つぎ木をした翌秋の当歳（1年生）苗]
細い幹は
元から
切り取る
2芽を
残して
切り取る
[2年生苗]
切り戻した跡で
苗齢がわかる
穂木止まりの
跡（わき芽を
ついだときの
穂 木 の 切 り
跡）は数えな
い
[3年生苗の完成]

かります。

## ●鉢植えの管理

鉢の中で1歳、年齢を加えたボタンは健康でしょうか。根詰まりを起こしかけた株は、今が植え替え（鉢替え）の適期です。植え替えは3年に1回を目安にして行い、鉢を一回り大きくします。だんだん鉢が大きくなって移動が困難になったら、根を最小限に切り詰めて植え替えます。

**植え替えを必要としない株**

**置き場**　葉刈りをして葉がなくなっても、日光は必要です。芽が充実する期間なので、日光がよく当たる場所に置きます。中旬を過ぎれば、地温も低下します（鉢土の温度は25℃が最適）。

**水やり**　用土が乾いたら、湿り程度の水やりをします。特に葉刈り後の株は、蒸散が少ないので過湿に注意します。

**肥料**　有機配合肥料を1株当たり一～二握り施します。同時に、硬くなった鉢土の表面を浅く耕し、不足していたら新しい土を補充してやります。この新しい土にも、少量の有機配合肥料を混合し、敷きわらや腐葉土を薄く敷き、木酢30倍液を散布しておきます。

**病害虫対策**　庭植えに準じます。

**葉刈り**　庭植えに準じて行います。

**剪定**　目的に応じた剪定が大切ですから、春の芽つぶし作業と密接なかかわりをもちます。①樹高を抑えるには下方の芽の上で切ります。②大きな花を望むなら一番大きな芽を残します。③樹高をより低くしたいときは、翌年の開花は犠牲にして切り戻しをします。④生育を向上させるには、込み合った枝を間引きます。

**植え替えが必要な株**

9月

# 鉢植えの剪定・その1

［適期＝9月下旬〜10月下旬］

鉢植えの'新七福神'。花を楽しみながらも、剪定でがっしりした株姿に育てたい

まず、葉刈りをする。全部の葉を葉柄を少し残して切り取る

花芽（丸みを帯びて大きい）のなかで、最も低い位置の芽を1〜2芽残し、その1㎝ほど上の位置で切り戻す

剪定を終えたところ

さらに丈を低く、がっしりした株に育てたいときは、中心の丈の高い幹を思いきって株元近くまで切り詰める

剪定作業を終えたところ。短い幹には花芽があるので、翌春には丈低く花を楽しむことができる

# 鉢植えの剪定・その2

[適期＝9月下旬～10月下旬]

鉢植えにして3年目の‘宣陽門’。よく伸びる性質（1年で30cmは伸びる）なので、翌春の花を犠牲にしても、丈低く仕立て直したい

根元近くの芽を残して、幹を切り詰める

切り口にはつぎロウを塗るか、木酢20倍液をかけておく

乾燥防止と、冬の保温を兼ねて土寄せを行う。株がすっかり埋まるまで覆土しておく

剪定作業を終えた状態。翌春は花は見られないが、幹数がふえて、がっしりした株に育つ。翌々春には花が楽しめる

## 畑で育ててきた苗の鉢への植えつけ

畑で育ててきた苗を鉢植えにする。根がしっかりしているので、翌春花を咲かせる植え方が可能［適期＝9月下旬～10月下旬］

10号（径30cm）鉢を用意し、鉢底網を敷く

水はけをよくするために、ゴロ土を2～3並び敷いておく

畑から、なるべく根を傷めないよう注意しながら掘り上げた寒ボタン'初日'

用土を少量入れて苗を収める。根先は切らずに巻いて鉢の中に収めること

つぎ木部が隠れるよう深さと位置を決めたら、周囲から用土を入れて植え込む

根がしっかりしている苗なので、植え終えたら、たっぷりと水を与える。冬の間は凍らない場所で管理する

# 市販苗の植えつけ

市販の根巻き苗は、台木の根を短く切り詰めてあるので、花を見ようなどとは思わず、樹勢の回復に努めることが大切［適期＝9月下旬～10月下旬］

購入した根巻き苗の鉢への植えつけ。つぎ木部が隠れる程度の深さに用土を調節

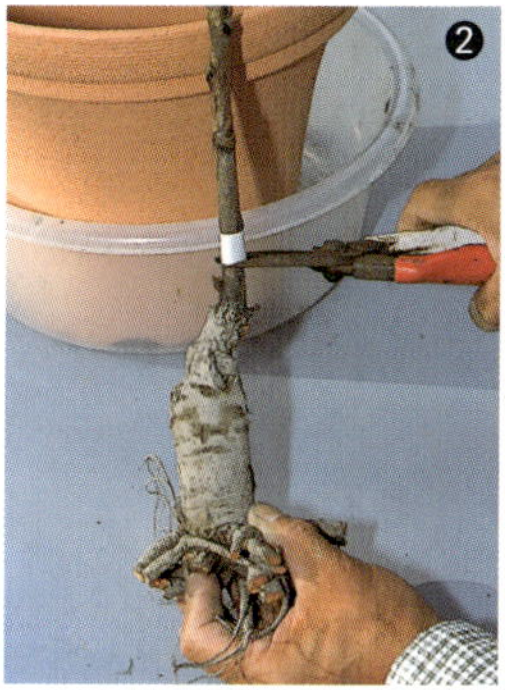


つぎ木部に近い2芽ほどを残して、幹を短く切り詰める

剪定が済んだら、苗全体を木酢20倍液に30分ほど浸しておく

根が十分復活、生育できるよう、植え位置は鉢の中央にこだわらないこと

用土を加え、苗全体が埋まるよう覆土をする

植え終わったら、根が十分な状態でないので、用土が湿る程度の水やりを行う



 P/JBP-M.Sekizawa

78ページの鉢への植えつけ方に準じて、新しい用土で植え替えます。

## ●寒ボタン

春ボタンに限らず、寒ボタンの根も今が一番活動する時期（9月から10月で地温が25℃前後）です。鉢上げして正月ごろに花を楽しもうとするなら、今が植え替えの適期です。どんなにていねいに扱っても、植え替えを行うと根は必ずダメージを受けます。回復力とは、いい換えれば活動力ですから、鉢上げ後、わずか2、3か月で花を眺めようとするのであれば、活動力が最も盛んなこの時期を逃してはいけません。

植え方やその後の管理、下旬に行う葉刈りも、春咲きのボタンと同様です。花を眺めるのであれば剪定は行わず、木を充実させたい場合は春咲き品種に準じて切り戻しを行います。

### ボタンの自根とシャクヤク台木の根

実生3年生苗の自根。地中深く伸びていくボタン本来の根の性質がうかがわれる

傷んだ根を切り1年後のシャクヤク台木発根状態（品種は‘春日山’）

## 市販のボタン苗に望むこと

### 花を咲かせると傷んでしまう苗

店頭に並んでいる鉢植えのボタンを見ると、根を極端に切り詰め、小さな鉢に少ない用土で植え込まれています。根巻き苗の場合も、本来は苗によって根の形は異なるはずなのに、同じ形に切りそろえて売られています。

これだけ根を傷めてあるのに、蕾はついていますから、買い求めた一般の人たちは、当然花を咲かせてしまいます。その結果、極端に樹勢を損ね、ラベルの裏面に書かれている栽培方法どおりに育てても、翌年から花が咲かないばかりか、ひどい場合は枯死してしまうことさえあります。

そこで、「ボタンは育てるのが難しい」との印象をもたれがちです。68ページに記載したように、入手した苗は蕾があっても花を咲かせず、1～2年は根の回復に努める必要があるというのは、こうした理由によるのです。

「1回、花を見られればそれでよいのでは」という考え方もあるかもしれませんが、それならば消耗品扱いであるということを明示し、ラベルの栽培法に耐えられるしっかりした苗との区別を明確にしたほうが、売り手、買い手、双方のためになるのではないでしょうか。

### 出回る品種の数があまりに少ない

珍しい品種を集めたいと思うのが園芸愛好家の常です。ましてやボタンは伝統の花木。珍しい品種はたくさんあります。ところが現実に園芸店に出回る品種の数は少なく、ほぼ鉢のサイズと苗齢で価格が統一されています。そのためか成長の早い品種が多く、商品の画一化が進められています。

本当に園芸が好きな愛好家は、決して廉価だけを求めているわけではありません。少数でも珍品種、新品種を扱う業者がふえれば、ボタンはいっそう注目されるはずなのですが。

9月

 P/JBP-M.Sekizawa

# 10月

**庭植え**　水やりは過湿にならないよう注意して、軽めに。葉刈り、剪定、植えつけ、植え替えなどの作業をまだ行っていない場合は、早めに

**鉢植え**　日当たりのよい場所で、過湿に注意して管理する

## 今月の株の状態

根の活動が一番おう盛な期間です。葉刈り後、しばらくすると芽が動きだしてきます。来年の準備の真っ最中というわけです。

### ●庭植えの管理

**水やり**　9月に準じて軽い水やりを心がけ、過湿にならないようにします。

**肥料**　まだ施していなければ、早めに施します。

**病害虫対策**　発生はほとんど見られませんが、カイガラムシを見つけたら歯ブラシで落とします。

**葉刈り、剪定**　9月に行う作業ですが、まだ行っていなければ、早めに行います。

**植えつけ、植え替え**　苗の入手が遅れたり、植え替えたい株があるのに、まだ済んでいない場合は、9月に準じて早めに作業を行います。

### ●鉢植えの管理

**置き場**　9月に引き続き、日当たりのよい場所に置きます。地温が確保できることで、夏の間に弱った株の回復が進みます。。

**水やり**　過湿にならないよう。軽い水やりを心

がけます。鉢底から流れ出るようなたっぷり与える水やりは月に2回程度でよいでしょう。

**肥料**　まだ施していなければ早めに施します。

**病害虫対策**　鉢底にナメクジがひそんでいるので捕殺します。

**その他**　土の補充、マルチング、葉刈り、剪定を、まだ済ませてなければ、早めに行います。

### ●寒ボタン

春ボタンと同じ速さで成長しています。葉刈りを早く行えば、花も早く咲くと思われていますが、葉刈りを行った日で、開花時期を設定することはできません。筆者の経験では、開花時期が早く、開花率も高かった年は、初秋の冷え込みが厳しく、その後、温暖な気候が続いた年でした。積算温度や日照時間は、開花にかかわる重要な要素ですが、萌芽のスタートダッシュ（厳しい冷え込み＝冬の体感）とその後の加速（温暖な気候＝春の到来）が開花を確実にするようです。柔らかくなった蕾は、雪が1週間続いても咲いてくれます。

### 秋に咲くフランスボタン、アメリカボタン

フランスボタンやアメリカボタンと呼ばれる系統のなかには往々にして秋に花を咲かせるケースが見られます。

例えばフランスボタンの'金帝'は一般には春咲きですが、写真の個体だけは特別な管理もしないのに、毎年、秋に花を咲かせます。アメリカボタンにも'シルバーセールズ'や'リナウン'など何品種かが、まれに秋花を咲かせます。

フランスボタン　'金帝'





P/N.Shibasawa

# 11月

**庭植え**　晴天が長く続いたときのみ、乾き具合を確かめて水やりを行う。敷きわらなどマルチングの確認
**鉢植え**　日当たりのよい場所で管理。そろそろ霜よけや冬囲いの準備をする

## 今月の株の状態

葉刈りを行っていないボタンは、赤、黄、茶色に紅葉した葉を落とす季節です。

根の活動は弱まりますが、完全には止まりません。冷気を受けた株は芽を動かし始めます。同じ品種が2株あったら、葉刈りの有無による生育状態の違いを比較してみるのも有意義なことです。

一般的な育て方では、9月下旬から10月に葉刈りを行いますが、葉を眺めるために、最後まで葉を残す人もいます。いろいろな楽しみ方を大切にしてください。

### ●庭植えの管理

ひととおりの作業（葉刈り、剪定、施肥、敷きわら）がすませてあれば、特別な管理はいりません。

**水やり**　この時期になると、根の吸水活動はゆるやかになりますから、敷きわらを施してあれば、まず水やりの必要もないでしょう。晴天が長く続いたときは、敷きわらの下の庭土の乾き具合を確認してから水を与えます。

**秋に植え替えた株の管理**　敷きわらの間から土が見えたら、敷きわらを補充します。稲わらの代わりに落ち葉や腐葉土を厚く敷いてやるのも、地温の確保と乾燥防止に効果があります。

水やりは土の表面が乾ききるまで行わず、乾ききったところで、湿らす程度の軽い水やりをします。

## ●鉢植えの管理

**置き場**　日当たりのよい場所に置きます。

**水やり**　ボタンは乾燥に強い植物ですが、過度の乾燥は生育の妨げとなります。乾いたら水を与えます。

**肥料**　施しません。

**植えつけ、植え替え**　適期は過ぎていますが、行えます。上旬には済ませましょう。

**その他**　冬囲いや霜よけの準備をしておきます。

## ●寒ボタン

最も早咲きの'錦王'が赤い花茎を伸ばし、赤い花を咲かせているころです。これから順次、いろいろな品種が咲きだします。

**霜よけ**　初旬には霜よけを済ませます。霜焼けを起こして成長が途中で止まった新梢は、春になっても伸びません。葉数が減り、わき芽の発達も未発達のままとなるので、翌年の開花は望めません。

**支柱立て**　寒ボタンは花首を日ざしに向ける性質があります（寒ボタンの美しさの一つとされる）。季節風が強まるので、花首が傷まないように支柱を立ててやります。支柱は、根を傷めないよう、株元から離れたところに、ゆっくりと差し込みます。

# 12月

**庭植え**　積雪地や冷え込みの厳しい地域では、冬囲いを。寒ボタンは観賞適期となる
**鉢植え**　風が強く当たる場所や凍結する場所から、軒下、玄関内などに移す

## 今月の株の状態

本格的な寒さを迎え、株は休眠しています。目立つ変化はありません。力強さを増した頂芽（天芽）は赤紫色の光沢を放ち、たくましい雄牛の角を連想させます。「牡丹」の名の由来にふさわしい、力強い冬芽の姿が見られるわけです。休眠は、冬の寒さを十分に経験し、春の萌芽と安定した花を咲かせるための大切な準備期間です。決して活動を停止しているわけではありません。車にたとえれば、スタート前のアイドリング（暖気運転）を行っているのです。

## ●庭植えの管理

11月までの管理作業をきちんと済ませておけば、ほとんど手はかかりません。

**冬囲い、霜よけ**　ボタンは凍結に対する機能が高い植物です。かなりの低温（マイナス10℃程度）でも凍結したり幹割れを起こしたりはしません。しかし、鱗片の先から出だした葉先や寒ボタンの蕾は凍害を受けます。また、大きな芽ほど、積雪の圧力で欠けやすいものです。

積雪地や寒さの厳しい地方では、気候に合わせた冬囲いをしてください。

**水やり**　11月に準じます（84ページ参照）。
**肥料**　施しません。
**植え替え**　行いません。

**●鉢植えの管理**

**置き場**　鉢植えは庭植えよりも凍害を受けやすいものです。軒下や玄関内に移してやるか、冬囲いや霜よけをします。休眠期なので、日当たりを気にする必要はありません。
**水やり**　乾いたら軽く水を与えます。
**肥料**　施しません。
**植えつけ、植え替え**　行いません。

**●寒ボタン**

次々と花が咲いてきます。冬囲いの下に咲く花を楽しみましょう。

**敏感なボタンと鈍感なボタン**

同一品種を同じ栽培環境下で育てても、花芽の大小にかかわらず、萌芽しなかったり、萌芽後の伸長を途中で止める株が出てきます。9月下旬に葉刈りをされ、秋の冷気を十分に経験した寒ボタンは休眠を解除され、遺伝子から萌芽のシグナルを受けているはずです。
ただし、新根の発育が悪いと、短期間で花を咲かせるだけの養分を送れないので、開花は春に持ち越されるものと思われます。

冬囲い

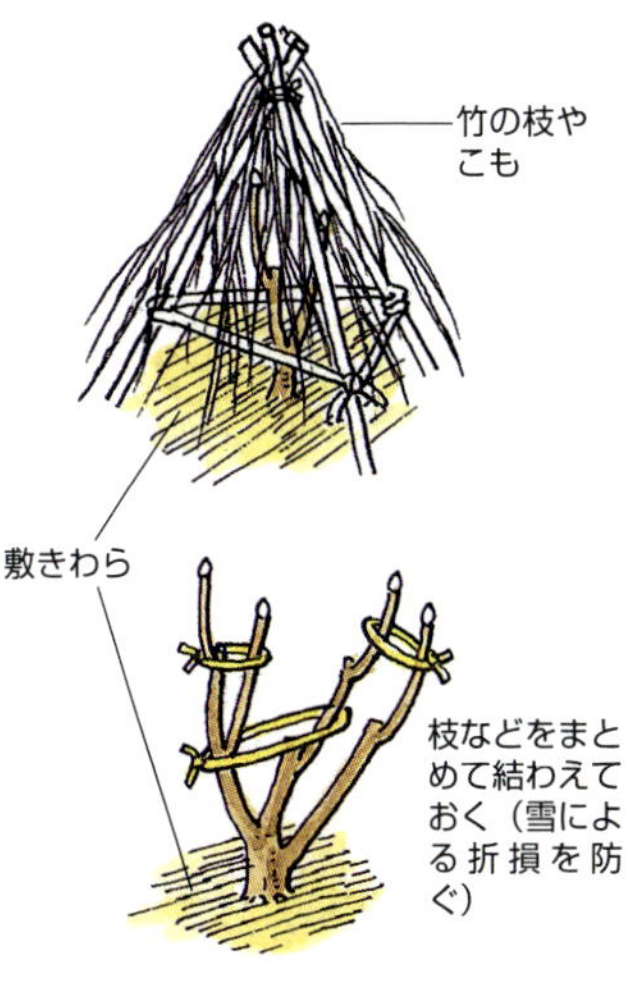



I/Y.Koyanagi

対談

# ボタンの普及に寄与した シャクヤク台木の発想と完成

聞き手・**芝沢成広**　話し手・**江川一栄**

1300年にも及ぶボタン園芸のなかで、シャクヤク台木を用いたつぎ木法の確立は画期的なものでした。これによって、一度に数多くの苗が得られるようになり、高嶺の花だったボタンが一般に普及されるようになったのです。シャクヤク台木は、いつごろ、どのようにして発見され、繁殖技法として確立されたのでしょうか。

**芝沢**　今では、ボタンをシャクヤクの根についで増殖する方法は、当たり前となっていますが、初めてこの方法を発見し、成功させたのは江川さんのご祖父だそうですが。

**江川**　そうです。明治30年（1897）ごろ、当時、仏師だった祖父（江川啓作）と、園芸友だちの四柳徳治郎氏が協力し合って、シャクヤク改良台を完成させました。

**芝沢**　草に木をつぐのですから、画期的ですよね。最初からシャクヤクに着目しておられたのでしょうか？

**江川**　初めはゴボウやスイバなど、とにかく何にでもついで失敗を重ねていたようでした。シャクヤクについだら、たまたま活着したと伝え聞いています。二人とも趣味者だったからこそ、自由な発想がわいてきたのでしょう。

**芝沢**　普及するまでには何年ぐらいかかったのでしょうか。

**江川**　当初は、シャクヤク台木のボタンは太りが悪くて弱いとの風評が立ち、ボタン台木苗の3分の1の価格でしか、取り引きされなかったものです。

**芝沢**　悪評が立った理由は何だったのでしょうか？

**江川**　それは、従来の技法を守ろうという保守的な風習と、やはり当時の業界が、高価なボタン苗の値くずれを恐れたからだと思います。

**芝沢**　シャクヤク台木を用いての活着率は、どのくらいだったのでしょう？

**江川**　現在に比べたら、あまりよくありませんでした。つぎ木の時期が早すぎても遅すぎてもいけないし、マルチング用のポリエチレンやビニールシートもない時代でしたから。ほとんど勘が頼りでしたね。

**芝沢**　地温と自根の発生との関係を裏づけたのは江川さんだとうかがったのですが。

**江川**　何とか活着率を高めようと、地温の測定を続けた結果、25℃前後が新根の出が一番よく、活着率も高いことがわかりました。それと黒のポリフィルムでマルチングをすると、活着率が向上することも発見しました。

**芝沢**　ところで、シャクヤク台木は寿命が短いと、今でも偏見をもっておられる方が多いようですが。

**江川**　以前、河川改修のために樹齢80年のボタンの株を掘り返したときのことです。ボタンの根に覆われたシャクヤク台は、丸々と太って生育を続けていました。台木は土に潜ってさえいれば、何年生き続けるかわかりません。

**芝沢**　増殖技術の向上があったおかげで、特定の人たちだけが楽しめたボタンが、広く大衆に親しまれるようになりました。江川さんを始め、先人の苦労のたまものです。貴重なお話をありがとうございました。



（注）江川啓作氏は、ブリーダーとしても‘新天地’や‘思いの儘’を世に残された。

# ボタンの交配と、実生の育て方

理想の花を夢に描いて、交配を行い、オリジナルなボタンを育ててみませんか？　簡単なことではないかもしれませんが、可能性に夢をかけるのが育種の醍醐味です。

## ●交配の仕方

自分なりに新たな交雑種を育てたいと考えたときは、次のスケジュールに従って作業を行います。

**①具体的な目標を立てる**（育種のねらいを決める。花の大きさ、葉形、樹形、花期など）

**②親の選定**（強健かどうか、花形、樹形、稔性などを考慮する）　ただし、ボタンは多種類の原種の交雑からできているので、親の特徴を引き継ぐとは限りません。少しでも高い確率を信じるしかありません。

**③花粉の採取と保存、除雄**　母株と父株の花が同時に咲いていなければ交配はできません。開花期にずれがある場合は、花粉を保存して母株の開花に合わせます。目的の花粉をハサミで花糸から切り取り、フィルムのケースに入れ、乾燥させてからキャップをします（湿っているとカビが発生する）。長く保存する場合は、乾燥剤を入れて冷蔵庫で保存します（冷凍しなくても翌年使える）。

## 交配の仕方

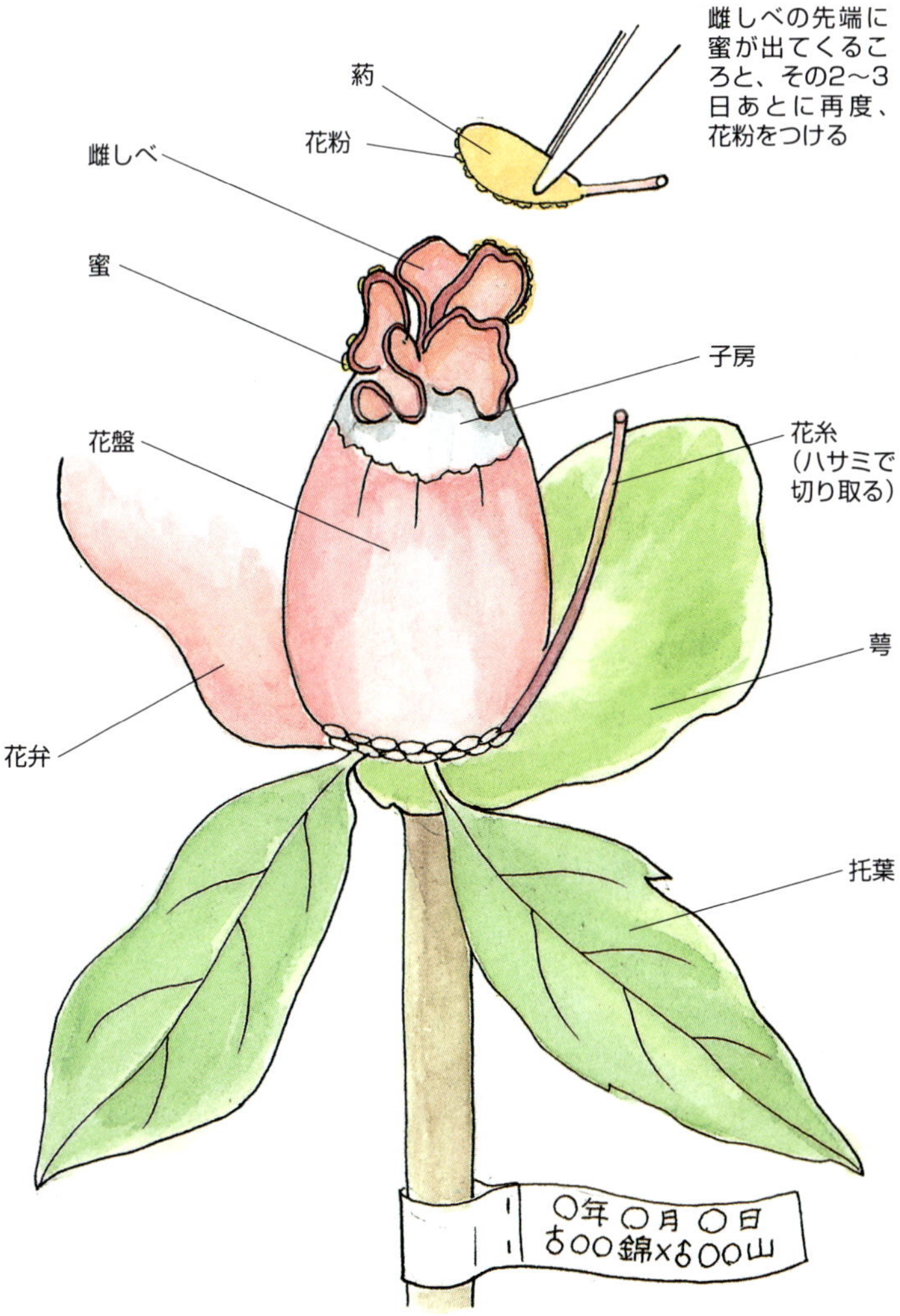
雌しべの先端に蜜が出てくるころと、その2～3日あとに再度、花粉をつける
葯
花粉
雌しべ
蜜
子房
花盤
花糸（ハサミで切り取る）
萼
花弁
托葉
○年 ○月 ○日
♀○○錦×♂○○山

なお、ボタンは雄しべが先に熟すので、花弁が開く前に花粉を出していることが多いものです。そこで母株の花がもみ出したころ、朝のうちに花を開いてやり、ピンセットで雄しべを取り除きます。これが除雄作業です。このとき、雌しべと子房を傷つけないことと、花粉を散らさないことが大切です。

**④受粉と受精**　除雄した花は、小さな穴をあけた紙袋をかぶせ、ほかの花粉の交雑を防ぎながら、雌しべが熟するのを待ちます。開花2～3日で雌しべの先端から蜜が出ます。そのときが交配の適期です。ピンセットを用い、花粉を雌しべにつけ終えたら、1週間ほど袋をかぶせ、受精を待ちます。受精を高めるには2日後に再度、花粉をつけてやります。

**⑤採種**　早いものは8月中旬に熟します。さや(子房)が割れかけて、多少色づいたタネをとります。さやが開ききってタネが乾燥すると、発芽が2年目以降になってしまいます。

**⑥タネまき**　採種をしたら、間をおかずにとりまきします(まき方の実際は95ページを参照)。鉢よりも畑で育てたほうが大きく成長しますが、鉢で育てて身近に成長を見守るのも楽しいものです。また、こうして発芽した実生を浅鉢で育てると、根張りのある株となり、盆栽として木姿を楽しむこともできます。

**⑦開花**　早いものは発芽3年目から順次、開花してきます。花が固定するまで4～5年はかかるので、初花だけで評価してはいけません。

## ●タネまきの実際と実生の育て方

まず、タネが熟す前に、まく場所の土の準備を済ませておきます(53、56ページ参照)。

**採種の適期**　タネは8月下旬には熟しています。

## ハイブリッド（交雑種）の作出

日本ボタンに従来ない花色を求めるなら、黄ボタン（ルテア）や褐色ボタン（デラバイ）の交配種を用いたり、シャクヤクの遺伝子を導入しなければなりません。

ただし、ルテア、デラバイの交配種はほとんど不稔（タネを結ばない）なので、母株には適しません。また、ボタンを母株に、シャクヤクを父株にしても、不完全なタネしかできません。ボタンとシャクヤクのハイブリッドは、シャクヤクを母株にしたときのみ可能なようです。

オランダシャクヤク（*Paeonia officinalis*）や満州シャクヤク（来歴不明）、ホソバシャクヤク（*P.tenuifolia*）も不稔です。

ヤマシャクヤク（*P.japonica*）、ベニバナヤマシャクヤク（*P.obovata*）、中国原産種（*P.lactiflora*）系の日本シャクヤク（通称、和シャク）、アメリカシャクヤク群は、ボタンとの親和性がわりと高く、筆者（芝沢）も戻し交配の可能性を信じて開花を待ち望んでいますが、10年近くたっても、いまだ開花しません。

KOSAKUSHA

ホソバシャクヤク（*Paeonia tenuifolia*）　ヨーロッパ、コーカサス原産

満州シャクヤク（来歴不明）

N.Shibasawa

子房の中央の凹んだ線が割れ始めたら採種します。まだ割れていなくても、子房の色が薄れてくれば、タネは熟しています。

**乾燥させずにとりまきとする**　タネを長期間、乾燥させると発芽率が悪くなり、発芽まで3～4年かかる場合があります。採種したら直ちにまくか、まくまでに少し間があくような場合は、ぬれた布などに包んで保存します。

**タネの選別**　外観だけでは熟しているのか不熟なのかはわかりません。水につけてみて、浮いてくるタネは除きます。

**庭にまくか、鉢にまくかを決める**　その後の育て方や苗の選別方法を考慮して、庭（畑）にまくか、鉢にまくかを決めます。

［**庭まきの利点**］①水やりの管理が楽。②鉢で育てるより生育がよい。③選別にかかわらなければ移植の必要がない。

［**鉢まきの利点**］①移植が楽。②根を詰まらせることで、初花が早く咲く。③身近に置くことで観察がしやすい。④浅鉢で育てると根が横張りになり、盆栽としても楽しめる。

**まき床のつくり方**　庭まきの場合は、畝の高さは30㎝以上、幅40㎝を目安に盛り上げます。鉢床の場合は、鉢底にゴロ土を少量敷き、鉢の上端から2㎝の位置まで準備しておいた鉢植え用土（56～57ページ参照）、または庭植え用の土（53ページ参照）を入れます。ボタンはほかの植物と異なり、赤玉土や鹿沼土などにまいたのでは、うまく発芽しません。

**タネのまき方**　指先で深さ2㎝ほどの植え穴を掘り、タネを横に向けてまき（へたの部分が小さく、上下がわかりにくいので）、用土をかぶせます。そのあと、木酢30倍液をたっぷりとかけてやります。

### 鉢まきした実生の植え替え

翌春、込み合って発芽した苗は、その年の秋に植え替えます（植え替え適期は一般の苗木と共通）。

4号（径12cm）深鉢に1本植えとしますが、たくさんの苗が生まれたときは、プランターに寄せ植えすると場所をとりません。

### 植え替えの手順

①葉刈りを行う。

N.Shibasawa

1月には土の中で発芽が始まっている

N.Shibasawa

1年たった10月の根の状態

## タネまきと発根 [適期=9～10月]

9月上旬に採種したさや（子房）。十分に熟してタネが露出している

タネの選別。水につけて、浮いてくるタネは除く

鉢底にゴロ土を敷いてから用土を入れ、タネを横に向けてまきつける（4号鉢で2個、5号鉢で3個が目安）

覆土をしてから、水やりを行う。筆者（芝沢）は木酢30倍液を使用

②発芽していないタネを探し、まき直す。発芽していなくても発根しているタネもあるので、ていねいに作業すること。
③根を傷めないように抜き取り、新しい鉢に植える。直根（ゴボウ根）が長く伸びているが、切り詰めてはいけない。切り詰めると、その後の生育が悪くなる。
④植えつけ方は、一般の苗木と同じ（78ページ参照）。
⑤翌年以降は、鉢を少しずつ大きくしていく。

実生苗を育てるとき大切なことは、とにかく根を育てることです。花を咲かせるようになるまで、幹の成長はゆるやかです。1年ごとに葉を1枚ずつふやす程度ですが、根の生育はおう盛です。

ボタンの根は養分を蓄える能力が非常に高く、その点、球根の性質によく似ています。

## 生育する経過を観察し、記録をつける

せっかく交配をして育てるボタンです。成長の過程と特徴を記録に残しておきましょう。あとあとのための貴重なデータとなります。

最初に観察できるのが葉です。葉の形、色、垂れ具合や上向きかげん、葉肉の厚さ、毛のつき方、葉柄の色、長さなど、できるだけ細かい項目を、自分流でかまいませんから一覧表にして記録します。

次に幹が伸びてくるので、思いつくまま観察項目を連ねます。夏には芽の形も整います。必要に応じて写真撮影やスケッチもしておくことをおすすめします。

観察を続けるほど、自分のボタンへの愛着が深まりますし、品種を識別する目も養え、他所のボタンを見る目も豊かになることでしょう。

# シャクヤク

青木宣明

'レッド バロン'

# シャクヤクの園芸種について

　シャクヤクの名称は、広い意味ではボタン属（*Paeonia*）のうちの草本類を指しています。その野生種は、30数種が知られ、日本をはじめ、朝鮮半島から中国、そしてシベリア、ヨーロッパ、また中央アジアから小アジアにかけて分布し、さらに北米大陸にも及んでいます。日本に自生する野生種には、白色小輪花のヤマシャクヤク（*Paeonia japonica*）と桃色小輪花のベニバナヤマシャクヤク（*P. obovata*）があります。

　しかし、一般にシャクヤクという場合は、そのなかでも中国北部からシベリアにかけて分布している*P.lactiflora*と、その改良種（園芸品種）を指します。欧米には19世紀に紹介され、ヨーロッパやアメリカで育種改良された洋シャク群、日本で改良された和シャク群、中国で改良された中国品種群などがあります。

　日本では、神奈川県立農業試験場や新潟県を中心に、和シャクと洋シャクとの交配により多数の新品種が育成されています。またアメリカでは、ほかの野生種との交雑により、従来の洋シャク群とは花色、花形、草姿の異なるハイブリッド・シャクヤクが注目されています。

**ボタンとの交配種も登場**

　一方、シャクヤクとボタンの交配種も育成されています。この交配はまず東京の伊藤東一氏により、１９４０年代にシャクヤクの'花香殿'

（白色系）とボタンの'金晃'（淡黄色）との交配（伊藤ハイブリッド）が試みられ、また、のちに新潟県の樋口宥源氏により同じ組み合わせによる交雑種（樋口ハイブリッド）が作出されています。伊藤ハイブリッドの大半はアメリカに渡り、品種名がつけられました。そのうちの一つ'オリエンタル ゴールド'（大輪黄色系、冬にはわずかばかりの木質化した茎が残る）は日本でも栽培されています。その後もアメリカでは、伊藤ハイブリッドを使用した交配が続けられ、花弁数が多く、花色の異なる品種が育成されています。

ボタンが咲き終わると、後を引き継ぐようにシャクヤクの花がほころび始める

シャクヤクの代表的な品種として、洋シャクには白色大輪花の'フェスティバ マキシマ'、桃色大輪花の'サラ ベルナール'や赤色中輪花の'ダイアナ パークス'があります。和シャク群には淡い赤紫色大輪花の'滝の粧'、薄い赤紫色花の'超天功'や赤紫色花の'絵姿'があります。また中国品種群には淡い黄色花の'楊貴妃'をはじめ、'蓮台'（桃色系）、'雪源紅花'（白色系）、'大富貴'（赤紫色系）が、さらにハイブリッド・シャクヤクには'アメリカ'（一重明赤色）、'オールド フェイスフル'（大輪八重暗赤色）などが知られています。なお、中国品種群のうち、花弁数の多い品種では和シャクや

 P/JBP-S.Maruyama

洋シャクに比較し花首（花梗）が細く、やや軟弱気味です。

　シャクヤク品種はその花弁数と咲き方により、一重咲き、金しべ咲き、翁咲き、冠咲き、手まり咲き、半八重咲き、バラ咲きなどのタイプに分けられます。以下、それぞれのタイプの代表的な品種について紹介します。

**一重咲き**　〝玉兎〟（小輪純白）、〝巧の色〟（小輪赤色系）など。

**金しべ咲き**　〝春の誉〟（薄赤色系）、〝桜川〟（薄紫赤色系）、〝深山の雪〟（純白）、〝赤城山〟（紫赤色系で、花弁数20枚程度の一重、黄金色の金しべが伸びている）など。

**翁咲き**　雄しべが細く弁化して花の中心に立ったり、盛り上がりが見られます。〝金的〟（外側の花弁は赤紫色一重、雄しべは花弁化し基部は赤紫、縁は黄色の細い弁が中心に立つ）、〝ハニー ゴールド〟（外側の花弁は純白の一重、雄しべは花弁化して細く淡い黄色）など。

**冠咲き**　〝鎌倉紅〟（外側、中心部の花弁とも赤色で、中心部花弁の周囲に細い花弁をもち、その先端に、雄しべの黄色い痕跡が見られる）、〝花香殿〟（外側花弁の咲きだしは淡い赤紫色で、満開時は白色、中心部の花弁は咲きだしから白色）など。

**手まり咲き**　〝エンジェル チークス〟（外側、中心部の花弁ともに淡い赤紫色、中心部花弁の外周は淡い黄色を呈する）、〝勝遊〟（外側花弁は薄赤紫色、中心部の花弁は淡くぼける）など。

**半八重咲き**　〝ミス アメリカ〟（白色系）、〝ポーラ フェイ〟（赤色系）など。

**バラ咲き（八重咲き）**　〝谷の誉〟（大輪赤色系）、〝火祭〟（大輪赤紫色系）、〝妙高〟（小輪白色系）、〝氷点〟（大輪白色系）など。

# シャクヤクの主な品種

'新珠'（あらたま）　バラ咲き

'藤娘'（ふじむすめ）　半八重咲き

'晴雲'（せいうん）　冠咲き

'花籠'（はなかご）　半八重咲き

 *P/JBP-S.Maruyama*

'ラズベリー サンダー'　冠咲き

Y.Hiruta

'楊貴妃'（ようきひ）　バラ咲き

‘ミス エックハルト’　バラ咲き

‘バンカー ヒル’　バラ咲き

‘ビロード クィーン’　翁咲き

‘胭脂点玉’（いんしてんぎょく）冠咲き

‘オリエンタル ゴールド’
ボタンとの交雑種

ARS

 *P/JBP-S.Maruyama*

# 1～2月

**庭植え**　寒冷地ではマルチングを厚めに敷き、霜柱の害を防ぐ。2月中～下旬には芽出し肥を施す
**鉢植え**　暖かい部屋には置かない。寒冷地では凍らない場所で管理。2月中～下旬には芽出し肥を施す

## 今月の株の状態

株の植えつけが浅い場合、1月には赤い芽が見える場合があります。茎や葉などの地上部がありませんから、水は湿り気がある程度でよく、光はほとんど必要としません。2月も下旬になれば、外気温の上昇とともに花蕾《からい》（蕾）は成長して赤い芽がふくらみ、地下部の根は養水分を盛んに吸収し始めます。

## ●庭植えの管理

**マルチング**　1月下旬から2月上旬は1年で最も寒い季節です。本来、シャクヤクは寒さに強いのですが、地上に芽が見えていれば霜柱などで蕾をもった花芽を傷める危険性があります。特に寒冷地では、晩秋に有機質でマルチング（株のまわりを覆うこと）をしていない場合、もみ殻や稲わら、あるいは使用済みの水ゴケなどで4～5㎝の厚さに敷き詰め、霜柱の害から守ります。

**水やり**　必要ありません。

**肥料**　酸性土壌ではpH(水素イオン濃度指数)を6.0前後に調整するため、苦土石灰を1株当たり

一握り程度を株まわりに施し、軽く耕してすき込みます。苦土石灰を施してから、半月以上経過したあとの2月中・下旬に油かす（チッ素5％前後）を1株当たり15～20g、株のまわりに施します。俗に「芽出し肥」といい、「今年も例年どおり、芽が順調に伸びてすばらしい花を咲かせてください」との祈りを込めての施肥です。

この場合、特に土中にすきこむ必要はありません。

**病害虫対策**　特にありません。

## ●鉢植えの管理

**置き場**　地上部がありませんから、鉢はどこに置いてもかまいません。ただし、あまり暖房が強く効いた部屋などに置くのは好ましくありません。春になってシャクヤクの花芽が伸長し、正常に開花するには、冬の間、ある程度の低温が必要です。このことを株の休眠打破に必要な低温要求量と呼んでいます。低温量が不足すると、発芽（萌芽）やその後の発育が遅れたり、花茎が短くなったりします。

寒冷地の場合、鉢を土中に埋めるか、あるいは株が凍結しない場所を選んで置きます。

**水やり**　置き場によっては鉢土（培養土）の乾燥が進む場合があります。ときどき鉢土の表面を観察し、表面が白く乾いたら水やりをします。ただし、必ず午前中に行います。

**肥料**　油かすは7～8号鉢の場合、庭植えよりやや少なめに、また9～10号鉢で芽数が多い場合は、庭植えと同程度に施します。寒冷地で積雪がある場合は、雪解けを待ってから施肥を行います。

**その他**　病害虫の防除は特にありません。

# 3～4月

**庭植え**　芽が伸び始めたら、込み合った個所の茎を地際から間引く。風通しよく管理する
**鉢植え**　芽が伸び出してきたら、すぐに日当たり、水はけのよい場所に移す

## 今月の株の状態

寒い冬に成長速度を阻まれていた芽は、気温の上昇とともに徐々に生育のスピードを増し、水分吸収も盛んになります。4月になれば茎の先端に蕾が見られ、少しずつ成長します。

## ●庭植えの管理

茎が伸び始めたらマルチ材料を除去し、日当たりや風通しをよくするため、株周辺は整理します。庭木の枝によって株の日当たりに影響がある場合、庭木に支障のない範囲で枝を切りそろえたり、株周辺の雑草を防除します。

また1株当たりの茎（特に蕾をもつ茎）が込み合っている場合、茎を間引くことが重要です。これは風通しを良好にする（病気発生の予防）ことと、1茎当たりの花のボリュームを増すためです。花のボリュームは株の体力によって決定しますが、同じ体力であれば、1株当たりの茎数が多ければ1本当たりの花のボリュームは減少するからです。

なお間引きをする茎は、細いものから選び、ハサミを用いて地際部から切除します。

**水やり**　必要ありません。

**肥料**　2月に施していなければ早めに施します。

**病害虫対策**　蕾や茎がある程度成長したのち、長雨などに遭遇すると、ボトリチス病（灰色かび病）が発生しやすくなります。この予防には、可能なかぎり風通しをよくします。まだ茎が多く、重なり合う葉があれば、蕾のない茎を地際部から切除します。さらに病気予防のため、フルピカフロアブル2000〜3000倍液を雨上がりに散布すると効果的ですが、環境への負荷、健康問題などを考慮すると、できるかぎり農薬散布は避けたいものです。

芽の伸び始めたシャクヤク

## ●鉢植えの管理

**置き場**　土中に埋めていた鉢は、萌芽前に掘り出して鉢をよく洗い、日当たりと風通しのよい場所へ移動します。萌芽後に鉢の掘り上げをする場合、芽の状態によっては花芽を傷めることになりますから注意深く行います。

**水やり**　鉢の表面が白く乾いたら鉢の底から水がしみ出すくらい、遠慮なく行います。地上部の成長とともに水やりの間隔は短くなります。少なくとも2〜3日に1回は観察してください。

**肥料**　施しません。

**病害虫対策**　庭植えに準じます。



P/JBP-M.Sekizawa

# 5〜6月

**庭植え** 開花の季節。花がら摘みが済んだらお礼肥を施す。梅雨の長雨による排水不良に注意

**鉢植え** 蕾が大きくふくらんできたら、雨の当たらない涼しい場所に移し、観賞に備える。水やりは葉にかからないように行う

## 今月の株の状態

5月は開花の季節です。茎の成長は停止し、蕾は大きく膨らみ、早生タイプの品種から順次開花していきます。シャクヤクはボタンと比較すると、開花後に結実する（タネができる）株が多く見られます。

6月下旬になると、高温多湿が続き、病気の発生（特にボトリチス病）が多くなります。

### ●庭植えの管理

**水やり** 必要ありません。

**切り花**

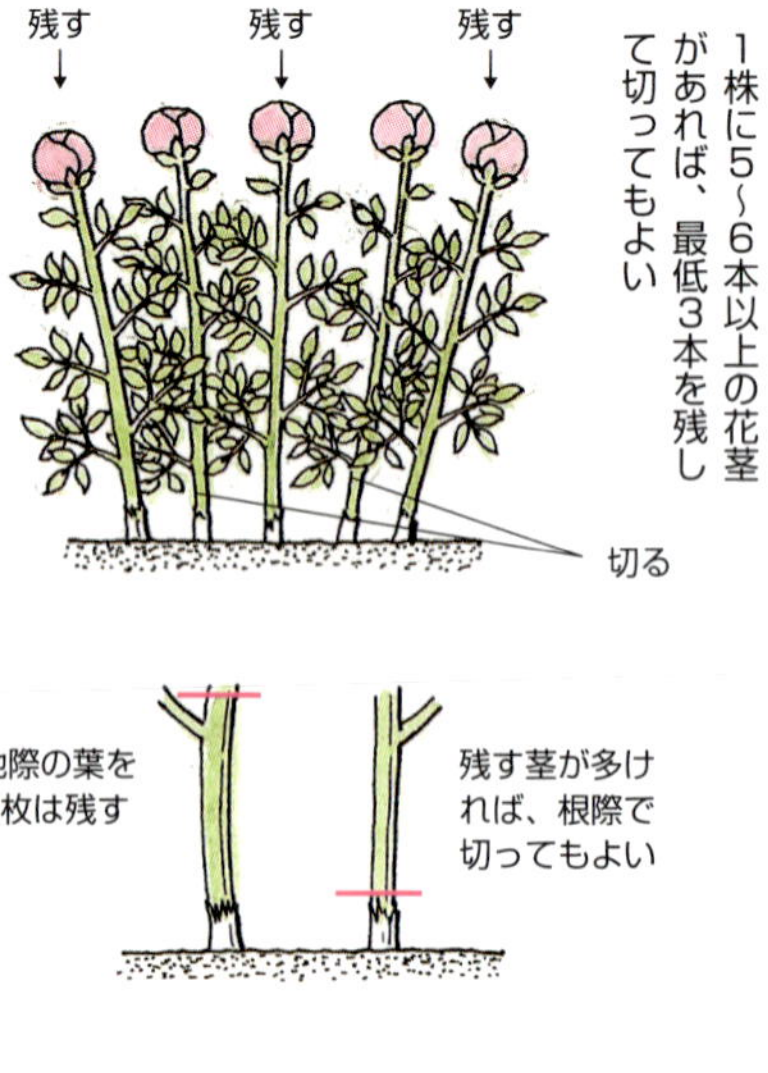
地際の葉を1枚は残す


I/Y.Koyanagi

**肥料**　花がら摘みが終われば、1株当たり20～30gの油かすを株のまわりに施します。俗に「お礼肥」といい、「今年の花は見事でしたよ、ありがとう」との感謝を込める肥料です。

**病害虫対策**　開花する前の蕾にアブラムシがつくことがあります。手でつまんで退治するか、マラソン乳剤2000～3000倍液を散布します。ボトリチス病の発生で葉が枯れ込んだり、斑点が生じた部分は早めに切除し、処分します。ボトリチス病予防には、フルピカフロアブル2000～3000倍液の散布を行います。

**花がら摘み**　タネをまかない場合は、花弁が落ちたら最上位置の葉の上の部分を切除します。

**切り花**　1株に5、6本以上の花茎（蕾をもった茎）があれば、切り花のため数本を切ることも可能です。その場合、茎と茎との間をすかせ、また、地際部の葉を1～2枚残すように切ります。なおその場合、1株当たり最低でも3本は残し、翌年の開花に影響がないようにします。

**水はけ**　長雨で排水不良になりがちです。水はけが悪い場所では、早めに排水溝をつくります。

## ●鉢植えの管理

**置き場**　蕾が大きくふくらんできたら、雨の当たらない、風当たりの弱い、そして涼しい場所へ移します。室内で楽しむのもよいでしょう。花が終われば、日当たりと風通しのよい場所へ移します。

**水やり**　葉に水がかからないように注意しながら株元に行います。晴れた日には毎朝行います。特に開花期間中は乾燥させないよう心がけます。

**肥料**　庭植えに準じます。

**病害虫対策**　庭植えに準じます。

**花がら摘み**　庭植えに準じます。

# 7〜8月

**庭植え**　晴天が続くような場合は早朝か夕方に水やりを。うどんこ病、イラガの幼虫に注意

**鉢植え**　西日が当たらない涼しい場所へ移動させる。水やりは毎日行う。鉢の温度が高くなりすぎるような場所ではマルチングを

## 今月の株の状態

梅雨明けの7月中・下旬からの真夏は、株の成熟期に入っています。「お礼肥」により、7月上順から中旬までは葉が青々としていますが、それ以降の葉色は少しずつ淡くなります。一方、株元の地下部では次年度の芽が少しずつ成長しています。ただこの時期は高温多湿期であるため、特に西南暖地の環境はシャクヤクにとって必ずしもよいとはいえません。むしろ好ましくない時期です。花がらを除去せずに結実した株では、8月中旬ごろにタネが熟してきます。

### ●庭植えの管理

**水やり**　乾かし気味に保ちますが、晴天が続くような場合、1週間から10日に1回、早朝か夕

シャクヤクのタネ。8月中旬ごろに熟し、子房が裂開する

方に行います。

**肥料**　施しません。

**病害虫対策**　乾燥が続くと葉に白い粉をつけたような病気、うどんこ病が発生します。ポリオキシン水溶剤2500倍液などの散布を5～7日おきに2～3回行います。また7月下旬から8月上旬にイラガの幼虫が食害することがあります。刺されないようゴム手袋をはめて退治するようにしてください。

**日よけ**　植物は一般に夏の西日を嫌います。西日がきつい場所では、寒冷紗などで直射日光を遮り、涼しく保つようにします。

## ●鉢植えの管理

**置き場**　西日が当たらないような涼しい場所へ移動します。鉢は直射日光で高温になるコンクリート床などの上に直接置かず、地表から50～60cm離した棚の上に置きたいものです。適当な場所がない場合は、鉢の温度が異常に高くならないように、水ゴケなどの有機質を使用して厚さ4～5cmのマルチングを行います。

**水やり**　晴れた日には毎日、早朝か夕方に行います。

**肥料**　施しません。

**病害虫対策**　庭植えに準じます。

7月
8月

# 9〜10月

**庭植え**　残暑が過ぎたら日よけは外すが、マルチングはそのまま残す。10月に入ったら元肥を施す。9月下旬から株分け、植えつけの適期

**鉢植え**　9月下旬からは日当たりのよい場所に移す。植え替えの適期

## 今月の株の状態

株元の芽の成長は著しくなり、芽の内部では花芽分化が始まり、萼や花弁がつくられています。夏前の肥培管理や夏の栽培管理の違いによって、茎の寿命は微妙に異なります。

葉や茎にまだ勢いがあれば、翌年の開花は間違いありません。黄ばんで枯れ込みが早いようだと、葉芽で終わる可能性があります。

JBP

シャクヤクの芽の内部（右は花芽、左は葉芽）。10月には花芽の中に、すでに萼や花弁がつくられているのがわかる

### ●庭植えの管理

**日よけ**　残暑が過ぎれば取り外します。敷きわらは、そのまま残します。

**水やり**　残暑で晴天が続く場合、葉がしおれな

い程度の水やりを早朝か夕方に行います。

**肥料**　10月に入ったら、1株当たり20g前後の油かすを株の周りに施します。ただし、この秋に植え替えた株には施しません。

**病害虫対策**　うどんこ病が発生した場合は、7〜8月に準じて防除に努めます。

**刈り込み**　株全体の葉が黄ばみ、枯れ込みが始まったら、茎を地際部から切除します。まだ青い葉があれば、黄ばむまでそのまま残します。

**株分け時の芽かき**

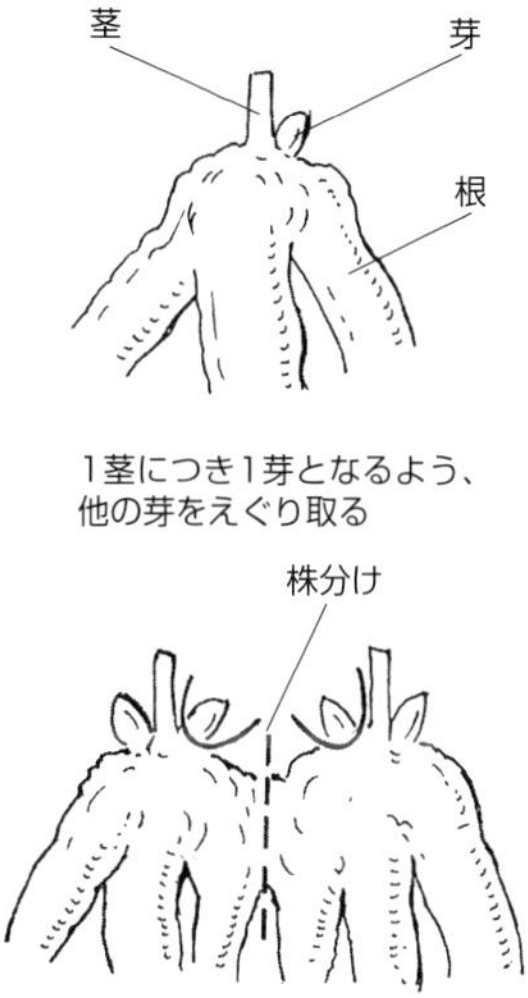

1茎につき1芽となるよう、
他の芽をえぐり取る

**植えつけ、株分け、植え替え**　9月下旬から行えるようになります（114〜116ページ参照）。

## ●鉢植えの管理

**置き場**　残暑が過ぎたら、日当たりのよい場所へ移します。茎の刈り込みが終了すればどこに置いてもかまいません。

**水やり**　9月上旬から中旬は2〜3日に1回、早朝か夕方に行います。9月下旬以降になると水やりの間隔は徐々に長くなります。鉢の表面が白く乾いたら水やりを行います。

**肥料**　庭植えよりやや少なめに施します。ただし、この秋に植えつけたり植え替えたりした株には施しません。

**病害虫対策**　庭植えに準じます。

**植えつけ、植え替え、株分け**　9月下旬から行えるようになります（114〜116ページ参照）。

## 株の掘り上げ、株分け、庭植え

[適期=9月下旬〜10月]

株分けは、芽数の多い株を選ぶ。地表面に芽が見られないときは、手で表土をていねいに除いて芽を確認する

株の掘り上げ。スコップで株まわりの土を数回に分けて除去し、株を掘り上げる。この場合、長く伸びた根が多少切断されても心配ない

株についた土は、竹べらなどで、芽を傷めないように注意していねいに取り除く

株分けしやすい場所を選び、竹べらや剪定バサミなどで株を分ける

株分け後の状態。株分け作業の難易によって、大小さまざまな株に分かれる。ただし、少なくとも1株には2芽以上残るように分けること

植えつける予定の場所に株を置いてみて、植え穴の場所と大きさを決める

植え穴を掘る。植え穴は植えつけを予定している株より、一回り大きめに

株を据える。穴が小さかったり浅いときには、もう一度穴の大きさを修正する

芽が4～5cm隠れるよう覆土する。水はけの悪い土地では浅く植えて覆土を多くし、周囲より10cmほど高く盛り上げる

## 鉢への植えつけ［適期=9月下旬〜10月］

適切な大きさの鉢を準備する。8〜10号（径24〜30cm）のプラスチック鉢が適当

鉢の大きさに合わせ、鉢からはみ出す長い根は切り詰める

株と鉢のサイズを合わせてみる。株が窮屈であれば、根をもう少し切り詰める

ベンレート水和剤（1000倍液）に数回浸し（上下に動かす）、株の消毒を行う

鉢の底部4〜5cmには、親指大前後のゴロ土（大粒の鹿沼土など）を入れる

鉢の中央に株を置き、水はけのよい培養土を入れる。覆土は芽の上4〜5cm前後

株と培養土がよく密着するよう、竹べらなどを使用して土を詰める。土の表面は鉢の縁より2〜3cm低い状態が理想的

作業完了。このあと、鉢底から水が流れ出すほど、たっぷりと水を与える

# 11〜12月

**庭植え** 冬の寒さの厳しい地域では、もみ殻や稲わらで株元にマルチングを行う。元肥を施していない場合は、11月の早い時期に施す
**鉢植え** 鉢土が凍らない場所で管理する

## 今月の株の状態

地下部では翌年の準備が進められています。11月は根も伸長し、芽の内部では雄ずい（雄しべ）や雌ずい（雌しべ）の分化が進みます。また、この時期からの低温は、翌年の芽の成長に重要な役割を演じています（1〜2月を参照）。

## ●庭植えの管理

**マルチング** 冷涼地や霜柱が立ちやすい地域では、株元付近に発達した翌年の芽を傷めないように、もみ殻や稲わらなど有機質資材を用いて、厚さ4〜5㎝のマルチングを行います。

**水やり** 必要ありません。

**肥料** 10月に施していない場合は、11月の早い時期に施します（112ページ参照）。

**病害虫対策** 特にありません。

## ●鉢植えの管理

**置き場** 凍らない場所ならどこでも結構です。

**水やり** 1〜2月に準じます（105ページ参照）。

**肥料** 施しません。

**病害虫対策** 特にありません。

★咲き方は、便宜上、弁数が少なめで、雄しべ、雌しべがすっきりと見える咲き方を一重咲きとしました。八重咲きはこれより弁数が多いものを、千重咲きは雄しべの弁花が進んだものを、万重咲きは、さらに弁花が進み、雄しべ雌しべがほとんど現れない咲き方を表しました。
★普及品種とは、比較的入手しやすい品種を意味します。

| 花期 | 樹高 | 樹勢 | 備考 |
|---|---|---|---|
| 晩 | 中 | 強 | 育てやすく、庭植え、鉢植えに向く |
| 中 | 高 | 普 | 同名異品種に紅色万重咲きの‘関西乙女の舞’がある |
| 中 | 矮性 | 強 | 花立ちよく、庭植え、鉢植えに向く。白系では小型 |
| 晩 | 高 | 普 | 花立ちは少ないが、丈夫で育てやすい |
| 中 | 中 | 強 | 白花の代表品種。庭植え、鉢植えに向く |
| 中 | 中 | 強 | 花立ちよく、庭植え、鉢植えに向く |
| 中 | 中 | 強 | 花立ちよく、庭植え、鉢植えに向く |
| 中 | 高 | 強 | 獅子弁は少ない。花立ちよく、庭植え向き |
| 晩 | 中 | 強 | 葉形がよい。鉢植えに向く |
| 晩 | 中 | 小弱 | 白花の代表花。花立ちは少ない。鉢植え向き |
| 晩 | 低 | 小弱 | 花立ちよく、庭植え、鉢植えに向く |
| 中 | 高 | 強 | 花立ちよく、庭植え、鉢植えに向く |
| 晩 | 中 | 小弱 | 別名‘月宮殿’。庭植え、鉢植えに向く |
| 中 | 中 | 普 | 庭植え、鉢植えに向く |
| 中 | 中 | 普 | 花立ちよく、庭植え、鉢植えに向く |
| 中 | 高 | 強 | 花立ちは普通。庭植え、鉢植えに向く |
| 晩 | 中 | 強 | 花立ちよく、庭植え、鉢植えに向く |

| 花期 | 樹高 | 樹勢 | 備考 |
|---|---|---|---|
| 中 | 中 | 普 | 花立ちよく、庭植え、鉢植えに向く |
| 早 | 中 | 強 | 鉢植えは本花が咲きにくく、庭植え向き |
| 晩 | 高 | 強 | 「ちょうらく」とも呼ばれる。花立ちがよい |
| 中 | 中 | 強 | 花立ちは少ない。木は横張り性 |
| 中 | 高 | 強 | 普及品種の一つ。庭植え、鉢植えに向く |
| 早 | 中 | 普 | あでやかな大花で人目を引く |
| 中 | 中 | 強 | 花立ちは少ない。育てやすい普及品種 |
| 早 | 高 | 強 | 花立ちよく、庭植えに向く |
| 中 | 高 | 強 | 花立ちよく、庭植え、鉢植えに向く |
| 極早 | 高 | 強 | 頂芽優勢が強いので、枝管理をしっかり行う |
| 中 | 低 | 小弱 | 弁先がとがる。鉢植え向き |
| 中 | 中 | 小弱 | 花弁が切れ込む |
| 中 | 中 | 強 | 花立ちがよい普及品種。花弁が縮む |
| 中 | 高 | 強 | 庭植えにも鉢植えにもよい普及品種 |
| 中 | 高 | 強 | 鉢植えに適した普及品種 |
| 中 | 中 | 強 | 葉柄に紫の筋がない。小ぶりで鉢植え向き |
| 中 | 中 | 強 | 鉢植えに向く |
| 中 | 中 | 強 | 庭植えにも鉢植えにもよい普及品種 |

# ボタンの主な品種一覧

### 春咲きの品種●日本種［白色系］

| 品種名 | 花色 | 咲き方 |
|---|---|---|
| 翁獅子（おきなじし） | 雪白色で子房も白 | 千重、獅子咲き |
| 新潟乙女の舞（にいがたおとめのまい） | 白色で花底に紫斑 | 八重、抱え咲き |
| 雪月花（せつげつか） | 純白色 | 一重、抱え咲き |
| 月世界（つきせかい） | 白色 | 八重、半抱え咲き |
| 五大州（ごだいしゅう） | 雪白色 | 千重、半抱え咲き |
| 玉簾（たますだれ） | 純白色 | 八重〜千重、半抱え咲き |
| 渡世白（とせいはく） | 雪白色 | 八重、抱え咲き |
| 白王獅子（はくおうじし） | 雪白色 | 八重、丸弁、獅子咲き |
| 白神（はくしん） | 白色 | 千重〜万重、半抱え咲き |
| 白蟠龍（はくばんりゅう） | 雪白色 | 千重、獅子咲き |
| 富士の曙（ふじのあけぼの） | 白色でやや底紅 | 八重、抱え咲き |
| 富士の峰（ふじのみね） | 白色でやや底紅 | 八重、半抱え咲き |
| 扶桑司（ふそうつかさ） | 純白色 | 万重、盛り上がり、獅子咲き |
| 不老門（ふろうもん） | 白色で子房も白 | 八重、抱え咲き |
| 村松の雪（むらまつのゆき） | 白色 | 千重、抱え咲き |
| 雪笹（ゆきざさ） | 雪白色 | 八重、抱え咲き |
| 連鶴（れんかく） | 純白色で子房も白 | 千重、半抱え咲き |

### 春咲きの品種●日本種［桃色系］

| 品種名 | 花色 | 咲き方 |
|---|---|---|
| 綾衣（あやごろも） | 淡紅色 | 千重、半抱え咲き |
| 越後獅子（えちごじし） | 淡紅色で爪白ぼかし | 千重、獅子咲き |
| 長楽（おさらく） | 淡紅色で底紫 | 千重、半抱え咲き |
| 麒麟司（きりんつかさ） | 淡紅色 | 千重、半抱え咲き |
| 御所桜（ごしょざくら） | 桜色 | 八重、半抱え咲き |
| 七福神（しちふくじん） | 桃色 | 千重、半抱え咲き |
| 新天地（しんてんち） | 桃紅色 | 八重、抱え咲き |
| 酔顔（すいがん） | 淡紅色 | 八重〜千重、半抱え咲き |
| 瑞雲（ずいうん） | 桃色で底紅ぼかし | 八重、半抱え咲き |
| 玉芙蓉（たまふよう） | 淡桃色 | 千重、抱え咲き |
| 九十九獅子（つくもじし） | 肉色を含む桜色 | 千重、獅子咲き |
| 綴れの錦（つづれのにしき） | 淡紅色に紅絞り | 八重、抱え咲き |
| 花遊（はなあそび） | 鮮桃色 | 八重、半抱え咲き |
| 花競（はなきそい） | 鮮桃色 | 八重、半抱え咲き |
| 春の曙（はるのあけぼの） | 淡紅色で底紅ぼかし | 八重、半抱え咲き |
| 紅千鳥（べにちどり） | 桃色で底濃紅色 | 八重、抱え咲き |
| 三笠山（みかさやま） | 淡紅色に紅絞り | 千重、盛り上がり咲き |
| 村松桜（むらまつざくら） | 淡紅色で底濃色 | 八重、抱え咲き |

| 花期 | 樹高 | 樹勢 | 備考 |
|---|---|---|---|
| 中 | 中 | 強 | 育てやすく、庭植え、鉢植えに向く |
| 中 | 中 | 強 | 幹太く、花首も強い。育てやすい名花 |
| 中 | 高 | 強 | 庭植えにも鉢植えにもよい普及品種 |
| 中 | 高 | 強 | 育てやすいピンク花の代表品種 |
| 晩 | 高 | 普 | 花立ちよく、庭植え、鉢植えに向く |
| 中 | 高 | 強 | 花立ちのよい普及品種 |
| 中 | 高 | 強 | 花立ちよく、庭植え、鉢植えに向く普及品種 |

| 花期 | 樹高 | 樹勢 | 備考 |
|---|---|---|---|
| 中 | 中 | 強 | 別名、‘朝日湊’。庭植え、鉢植えに向く |
| 中 | 低 | 普 | 生育はやや遅い。庭植え、鉢植えに向く |
| 中 | 中 | 強 | 普及品種。鉢植えに向く |
| 中 | 中 | 強 | 節間が短く、鉢植えに向く |
| 中 | 中 | 強 | 花立ちよく、鉢植えに向く |
| 中 | 高 | 強 | 花首が太く強い。鉢植えにも適した普及品種 |
| 中 | 低 | 強 | 花弁に細かくしわが寄る。鉢植え向き |
| 中 | 中 | 強 | 花弁は波打つ。鉢植えに適する |
| 中 | 中 | 強 | 花、茎、葉のバランスがよく、鉢植えにも適する |
| 中 | 中 | 強 | ‘太陽’の枝変わり。絞りは固定していない |
| 中 | 中 | 強 | 強健だが花立ちは少ない |
| 晩 | 矮性 | 普 | 茎は節ごとに湾曲して育つ。鉢植えにも適する |
| 中 | 中 | 普 | 花立ちよく、庭植え、鉢植えに向く |
| 中 | 中 | 普 | 花立ちよく、庭植え、鉢植えに向く |
| 中 | 中 | 強 | 赤色系の代表品種。鉢植えにも適する普及品種 |
| 中 | 高 | 強 | 花立ちよく、鉢植えにも向く。古い品種 |
| 中 | 中 | 強 | 育てやすく、鉢植えにも向く |
| 中 | 中 | 強 | 花弁がよじれて風車状となる。木は横張り性 |
| 中 | 高 | 強 | 育てやすく、鉢植えにも向く |
| 中 | 中 | 強 | 満開後、紫を増す。鉢植えに向く普及品種 |
| 早 | 低 | 少弱 | 鉢植え向き |
| 早 | 低 | 少弱 | 花だちよく、鉢植えに向く |
| 中 | 中 | 強 | やや切れ弁 |
| 早 | 中 | 強 | 鉢植えにも適した普及品種 |
| 中 | 高 | 強 | 花立ちよく、鉢植えにも適する |
| 晩 | 高 | 強 | 鉢植えにも適した普及品種 |
| 中 | 中 | 強 | 花立ちよく、鉢植えに向く |
| 晩 | 矮性 | 普 | 特異な花形。鉢植えにも向く |
| 晩 | 高 | 強 | 普及品種で、育てやすく鉢植えにも向く |

| 品種名 | 花色 | 咲き方 |
|---|---|---|
| 村松の誇（むらまつのほこり） | 淡紅色で底濃色 | 千重、抱え咲き |
| 八千代獅子（やちよじし） | 淡紅色に紅絞り | 千重、獅子咲き |
| 八束獅子（やつかじし） | 薄い赤紫色のぼかし | 万重、盛り上がり咲き |
| 八重桜（やえざくら） | 桜色 | 八重、半抱え咲き |
| 雪灯籠（ゆきどうろう） | 淡桃色で底紅ぼかし | 一重、半抱え咲き |
| 吉野川（よしのがわ） | 淡紅色 | 千重、抱え咲き |
| 四方桜（よもざくら） | 桜色 | 八重、半抱え咲き |

**春咲きの品種●日本種［紅色系］**

| 品種名 | 花色 | 咲き方 |
|---|---|---|
| 朝日港（あさひみなと） | 濃朱紅色 | 千重、半抱え咲き |
| 今猩々（いましょうじょう） | 黒みのある赤色 | 八重、抱え咲き |
| 岩戸鏡（いわとかがみ） | 赤色 | 千重、半抱え咲き |
| 岩戸神楽（いわとかぐら） | 赤色 | 千重、半抱え咲き |
| 殷富門（いんぷもん） | 濃紅に鮮緋がかる | 八重、抱え咲き |
| 花王（かおう） | やや紫を帯びた赤色 | 万重、盛り上がり咲き |
| 月桂冠（げっけいかん） | 赤紫色のぼかし | 千重、抱え咲き |
| 紅輝獅子（こうきじし） | やや紫を含む赤色 | 千重、獅子咲き |
| 日月錦（じつげつにしき） | 赤色で弁端に白覆輪 | 八重、抱え咲き |
| 島錦（しまにしき） | 赤と白の絞り咲き | 千重、抱え咲き |
| 島の輝（しまのかがやき） | やや紫を含む濃紅色 | 千重、半抱え咲き |
| 新神楽（しんかぐら） | 紅色 | 万重、盛り上がり咲き |
| 太神楽（だいかぐら） | 紅色 | 八重、半抱え咲き |
| 大正の光（たいしょうのひかり） | 紫を帯びた赤色 | 千重、抱え咲き |
| 太陽（たいよう） | 濃赤色 | 八重、抱え咲き |
| 司獅子（つかさじし） | 紅色のぼかし | 千重、盛り上がり咲き |
| 帝冠（ていかん） | 赤紫色 | 千重、盛り上がり咲き |
| 常盤津（ときわづ） | 薄い赤紫色 | 八重、風車咲き |
| 初日の出（はつひので） | 朱色がかる紅色 | 八重、半抱え咲き |
| 日暮（ひぐらし） | 紅色 | 八重、半抱え咲き |
| 緋の司（ひのつかさ） | 緋色がかる濃紅色 | 八重、半抱え咲き |
| 日の出世界（ひのでせかい） | 濃紅色 | 八重、半抱え咲き |
| 百花撰（ひゃっかせん） | 紅色 | 八重、半抱え咲き |
| 芳紀（ほうき） | 赤色 | 八重、半抱え咲き |
| 宝山（ほうざん） | 紅色のぼかし | 八重、抱え咲き |
| 豊代（ほうだい） | 紅色 | 千重、抱え咲き |
| 舞姫（まいひめ） | サーモン色を含む紅色 | 八重、平咲き |
| 美玉（びぎょく） | 濃紅色 | 千重、カクタス咲き |
| 八千代椿（やちよつばき） | 薄色の赤紫 | 八重、抱え咲き |

| 花期 | 樹高 | 樹勢 | 備考 |
| --- | --- | --- | --- |
| 中 | 中 | 強 | 育てやすい |
| 中 | 中 | 強 | 花立ちは少ないが育てやすい |
| 中 | 高 | 強 | 花立ちよく、鉢植えに向く |
| 中 | 高 | 強 | 普及品種。庭植え向き |
| 晩 | 高 | 強 | 育てやすいが花立ちは少ない |
| 中 | 高 | 強 | 茎は節ごとに湾曲して育つ。花弁は丸く厚い |
| 早 | 高 | 強 | 木は横張り性。庭植え向き |
| 中 | 高 | 強 | 花立ちよく、庭植え、鉢植えに向く |
| 晩 | 中 | 少弱 | 花立ちは少ない。鉢植え向き |
| 中 | 中 | 強 | 外弁の縁に白覆輪が入る |
| 中 | 中 | 少弱 | 鉢植えに向く普及品種 |
| 晩 | 高 | 強 | 代表的な牡丹色。育てやすい普及品種 |

| 花期 | 樹高 | 樹勢 | 備考 |
| --- | --- | --- | --- |
| 中 | 中 | 強 | 独特のえび茶色。育てやすい |
| 中 | 中 | 強 | 小輪で、鉢植えに向く |
| 中 | 中 | 強 | 花立ちよく鉢植えにも向く |
| 中 | 中 | 強 | 普及品種で、花立ちよく鉢植えにも向く |
| 中 | 中 | 強 | 小輪で、鉢植えに向く |
| 中 | 低 | 普 | 別名‘烏羽玉’。普及品種 |
| 中 | 中 | 強 | 花弁数12～15枚ほど。鉢植え向き |

| 花期 | 樹高 | 樹勢 | 備考 |
| --- | --- | --- | --- |
| 中 | 低 | 少弱 | 木は横張り性。鉢植え向き |
| 中 | 中 | 普 | 花芯に緑色の旗弁が現れる |
| 中 | 中 | 普 | 花は横向きに咲く |
| 早 | 中 | 普 | 一重～万重まで変化に富む |
| 最晩 | 中 | 少弱 | 蕾は淡い緑で、開花すると黄緑白色 |
| 中 | 中 | 普 | 中国種で唯一の絞り咲き品種 |
| 中 | 中 | 普 | 明治の末年にフランスから輸入された品種 |
| 中 | 低 | 少弱 | 花立ちは少なく、鉢植え向き |
| 中 | 中 | 普 | 花芯に緑色の旗弁が現れる。上向き咲き |

| 花期 | 樹高 | 樹勢 | 備考 |
| --- | --- | --- | --- |
| 最晩 | 低 | 強 | 下向きに咲く。小型なので鉢植え向き |
| 晩 | 高 | 強 | 花立ちは少なく、鉢植え向き |
| 晩 | 低 | 強 | 鉢植え向き |
| 晩 | 高 | 強 | 株立ちとなる。庭植えに向く |

### 春咲きの品種●日本種［紫色系］

| 品種名 | 花色 | 咲き方 |
|---|---|---|
| 鎌田藤（かまたふじ） | 藤色 | 千重、平咲き |
| 群芳殿（ぐんぽうでん） | 青みがかる紫紅色 | 千重、半抱え咲き |
| 紫雲殿（しうんでん） | 紅色を含む紫色 | 千重、半抱え咲き |
| 島大臣（しまだいじん） | 紅色を含む紫色 | 千重、半抱え咲き |
| 春興殿（しゅんこうでん） | 黒みを帯びた濃紫色 | 万重、盛り上がり咲き |
| 長寿楽（ちょうじゅらく） | 紅紫色 | 八重、抱え咲き |
| 花大臣（はなだいじん） | 紅色を含む紫色 | 千重、半抱え咲き |
| 豊楽門（ほうらくもん） | 若紫色 | 八重、抱え咲き |
| 豊麗（ほうれい） | 藤色がかる紫紅色 | 千重、平咲き |
| 美福門（びふくもん） | 紅色を含む濃紫色 | 千重、抱え咲き |
| 八雲（やぐも） | 紫紅色 | 千重、半抱え咲き |
| 麟鳳（りんぽう） | えんじ色がかる紫色 | 千重、抱え咲き |

### 春咲きの品種●日本種［黒色系］

| 品種名 | 花色 | 咲き方 |
|---|---|---|
| 皇嘉門（こうかもん） | 暗赤紫色に白覆輪 | 千重、半抱え咲き |
| 黒鳥（こくちょう） | 光沢のある黒紅色 | 八重、半抱え咲き |
| 黒龍錦（こくりゅうにしき） | 黒紅色に白絞り | 八重、抱え咲き |
| 黒光司（こっこうつかさ） | 光沢のある濃黒紅色 | 千重、半抱え咲き |
| 墨の一（すみのいち） | ‘初烏’より濃色 | 八重、抱え咲き |
| 初烏（はつがらす） | 光沢のある黒紅色 | 八重、抱え咲き |
| 群烏（むれがらす） | 暗赤紫色 | 一重、抱え咲き |

### 春咲きの品種●中国種

| 品種名 | 花色 | 咲き方 |
|---|---|---|
| 紫上（しじょう） | 赤みのある紫色 | 万重、盛り上がり咲き |
| 青龍臥墨池（せいりゅうがぼくち） | 紅色を含む紫色 | 千重、盛り上がり咲き |
| 為子（ためこ） | 白色 | 万重、盛り上がり咲き |
| 趙粉（ちょうふん） | 淡紅色 | 万重、盛り上がり咲き |
| 豆緑（とうりょく） | 淡緑色 | 万重、盛り上がり咲き |
| 二喬（にきょう） | 紫と淡桃色の絞り | 万重、盛り上がり咲き |
| 明治の誉（めいじのほまれ） | 淡い紫色 | 万重、盛り上がり咲き |
| 陽木（ようぼく） | 淡紫紅色 | 万重、盛り上がり咲き |
| 緑胡蝶（りょくこちょう） | 薄紫糸覆輪 | 万重、盛り上がり咲き |

### 春咲きの品種●フランス種（*Paeonia lutea*との交雑品種群）

| 品種名 | 花色 | 咲き方 |
|---|---|---|
| Alice Harding（和名＝金晃） | 鮮黄色 | 千重、抱え咲き |
| Chromatella（和名＝金鵄） | 鮮黄色に紅覆輪、底紅 | 万重、盛り上がり咲き |
| La Lorraine（和名＝金陽） | 鮮黄色、基部赤茶色 | 万重、盛り上がり咲き |
| L'Esperance（和名＝金帝） | 黄色で底紅 | 一重、平咲き |

| 花期 | 樹高 | 樹勢 | 備考 |
|---|---|---|---|
| 晩 | 高 | 強 | 庭植え、鉢植えに向く |

| 花期 | 樹高 | 樹勢 | 備考 |
|---|---|---|---|
| 晩 | 低 | 強 | デラバイ交配種。鉢植えに向く |
| 晩 | 中 | 強 | デラバイ交配種。花首長く、葉は細い |
| 晩 | 中 | 強 | 花弁数10〜14枚ほど。鉢植え向き |
| 晩 | 高 | 強 | ルテア交配種。花立ちよく、庭植え、鉢植えに |
| 晩 | 高 | 強 | ルテア交配種。花立ちよく、庭植え、鉢植えに |
| 晩 | 中 | 強 | ルテア交配種。花立ちよく、庭植え、鉢植えに |
| 晩 | 中 | 強 | 花弁数10〜12枚ほど。鉢植え向き |

| 花期 | 樹高 | 樹勢 | 備考 |
|---|---|---|---|
| 11〜1月 | 中 | 強 | 庭植え、鉢植えに向く。普及品種 |
| 11〜1月 | 低 | 少弱 | 花立ちは少なく、鉢植えに向く |
| 11〜1月 | 中 | 強 | 花立ちよく、庭植え、鉢植えに向く。普及品種 |
| 11〜1月 | 矮性 | 強 | 寒ボタンの中では大輪。庭植え、鉢植えに向く |
| 11〜1月 | 中 | 強 | 花立ちは少なく、鉢植えに向く |
| 11〜1月 | 中 | 強 | 花立ちよく、庭植え、鉢植えに向く。普及品種 |
| 11〜12月 | 低 | 少弱 | 花立ちよく、庭植え、鉢植えに向く。普及品種 |
| 11〜1月 | 高 | 強 | 花立ちよく、庭植え、鉢植えに向く。普及品種 |
| 11〜12月 | 低 | 強 | 花立ちよく、庭植え、鉢植えに向く。普及品種 |
| 11〜1月 | 中 | 強 | 鉢植え向き |
| 11〜1月 | 高 | 強 | 小輪で鉢植え向き |
| 11〜1月 | 高 | 強 | 寒ボタンの中では大輪。庭植え、鉢植えに向く |
| 11〜1月 | 高 | 強 | 花立ちよく、庭植え、鉢植えに向く。普及品種 |
| 11〜1月 | 低 | 強 | 鉢植え向きの普及品種 |

| 花期 | 樹高 | 樹勢 | 備考 |
|---|---|---|---|
| 中 | 高 | 強 | 切り花、花壇に向く |
| 晩 | 高 | 強 | 切り花、花壇に向く。草姿がよい |
| 中 | 高 | 強 | 花立ちよく、切り花、花壇に向く |
| 早 | 中 | 強 | 花立ちは少ないが、丈夫で育てやすい |
| 早 | 高 | 強 | 切り花、花壇に向く。花形が美しい |
| 中 | 中 | 強 | 切り花、花壇に向く。花形が美しい |
| 早 | 低 | 強 | 花立ちよく、花壇、鉢植えに向く |
| 中 | 中 | 強 | 花立ちよく、切り花、花壇に向く |
| 中 | 中 | 強 | 花立ちよく、切り花、花壇に向く |
| 中 | 中 | 強 | 雌しべは赤紫。花壇に、鉢植えに向く |

| 品種名 | 花色 | 咲き方 |
|---|---|---|
| Souveniir de Maxime Cornu（和名＝金閣） | 淡黄色で底紅 | 万重、盛り上がり咲き |

**春咲きの品種●アメリカ種（*Paeonia lutea*や*P.delavayi*との交雑品種群）**

| 品種名 | 花色 | 咲き方 |
|---|---|---|
| Black Douglas（ブラック ダグラス） | えび茶がかる黒色 | 八重、半抱え咲き |
| Chinese Dragon（チャイニーズ ドラゴン） | 紫を帯びた暗赤色 | 一重、平咲き |
| Banquet（バンクェット） | 赤茶色、外弁は黄色 | 一重、半抱え咲き |
| Golden Isles（ゴールデン アイルズ） | 鮮黄色で基部は黒茶色 | 八重、半抱え咲き |
| Golden Bowl（ゴールデン ボウル） | 鮮黄色で基部は黒茶色 | 一重、半抱え咲き |
| High Noon（ハイ ヌーン） | 黄色で基部は茶褐色 | 八重、半抱え咲き |
| Renown（リナウン） | 黄を帯びた赤銅色 | 一重、半抱え咲き |

**寒ボタン（二季咲き系）**

| 品種名 | 花色 | 咲き方 |
|---|---|---|
| 春日山（かすがやま） | 淡紅色で底、濃紅 | 千重、抱え咲き |
| 寒獅子（かんじし） | 紫紅色 | 千重、獅子咲き |
| 錦王（きんのう） | 紅色に白覆輪 | 一重、抱え咲き |
| 越のあかね（こしのあかね） | 紅色 | 千重、抱え咲き |
| 栗皮紅（くりかわこう） | 赤紫色 | 八重、半抱え咲き |
| 時雨雲（しぐれぐも） | 薄赤紫色 | 一重、抱え咲き |
| 秋冬紅（しゅうとうこう） | 淡紅色で底、濃紅 | 八重、半抱え咲き |
| 大正紅（たいしょうこう） | 朱紅色で底、濃紅 | 一重、抱え咲き |
| 千代錦（ちよにしき） | 朱紅色で白絞り | 八重、半抱え咲き |
| 照国（てるくに） | 淡紅色で底、濃紅 | 八重、半抱え咲き |
| 戸川寒（とがわかん） | 赤色 | 一重、抱え咲き |
| 白峯（はくほう） | 白色 | 千重、半抱え咲き |
| 緋の御旗（ひのみはた） | 緋紅色 | 一重、抱え咲き |
| 雪重（ゆきがさね） | 白色で底、淡黄色 | 千重、半抱え咲き |

## 日本シャクヤク（改良品種と在来品種）

| 品種名 | 花色 | 咲き方 |
|---|---|---|
| 新珠（あらたま） | 純白 | バラ咲き、大輪 |
| 行く春（いくはる） | 淡い赤紫色で中心は白 | バラ咲き、大輪 |
| 絵姿（えすがた） | 濃桃色 | バラ咲き、大輪 |
| 花香殿（かこうでん） | 純白色 | 冠咲き、中輪 |
| 華燭の典（かしょくのてん） | 赤紫色 | バラ咲き、大輪 |
| 佳人（かじん） | 白色で内弁淡黄色 | 翁咲き、中輪 |
| 玉兎（ぎょくと） | 純白 | 一重、小輪 |
| 極光（きょっこう） | 赤紫色 | バラ咲き、中輪 |
| 金的（きんてき） | 赤紫色で内弁は黄色 | 翁咲き、中輪 |
| 銀的（ぎんてき） | 純白で内弁は薄い黄色 | 翁咲き、中輪 |

| 花期 | 樹高 | 樹勢 | 備考 |
|---|---|---|---|
| 中 | 中 | 強 | 肥後シャクヤク。金しべが美しい |
| 早 | 中 | 強 | 花柄が長く、切り花に適する |
| 中 | 中 | 強 | 花立ちよく、花壇、鉢植えに向く |
| 中 | 低 | 強 | 花立ちよく、花壇、鉢植えに向く |
| 中 | 高 | 強 | 花立ちよく、切り花、花壇に向く |
| 中 | 中 | 強 | 花壇にも、鉢植えに向く |
| 中 | 高 | 強 | 花立ちよく、切り花、花壇に向く |
| 中 | 中 | 強 | 花壇にも、鉢植えに向く。草姿がよい |
| 早 | 低 | 強 | 花壇にも、鉢植えに向く |
| 早 | 中 | 強 | 肥後シャクヤク。金しべの抱えがよい |
| 中 | 中 | 強 | 花壇にも、鉢植えに向く。花首が強い |
| 中 | 高 | 強 | 花立ちよく、花壇、鉢植えに向く |
| 中 | 中 | 強 | 花立ちよく、花壇、鉢植えに向く |
| 早 | 低 | 強 | 花立ちは普通。花壇、鉢植えに向く |

| 花期 | 樹高 | 樹勢 | 備考 |
|---|---|---|---|
| 早 | 中 | 強 | 花立ちよく、切り花、花壇に向く |
| 中 | 高 | 強 | ‘小島の輝き’の和名がある。花首強い |
| 早 | 高 | 強 | 独特の花色で人気。花壇に、鉢植えに向く |
| 晩 | 中 | 強 | 切り花、花壇に向く普及品種 |
| 中 | 高 | 強 | 花首が強い。花壇に、鉢植えに向く |
| 中 | 中 | 普 | 花立ちよく、切り花、花壇に向く |
| 中 | 中 | 強 | 花壇に、鉢植えに向く |
| 早 | 高 | 強 | 花立ちよく、切り花、花壇に向く普及品種 |
| 中 | 中 | 強 | 切り花、花壇に向く。繁殖力が強い |
| 中 | 中 | 強 | 丈夫で花壇向き |
| 早 | 高 | 強 | 花立ちよく切り花、花壇に向く |

| 花期 | 樹高 | 樹勢 | 備考 |
|---|---|---|---|
| 中 | 中 | 強 | 量感豊かな花。花壇に、鉢植えに |
| 中 | 低 | 強 | 来歴は不明。鉢植え向き |
| 中 | 中 | 強 | 花立ちよく、切り花、花壇、鉢植えに向く |
| 晩 | 中 | 強 | 弁数が多く、手まり状となる |

| 花期 | 樹高 | 樹勢 | 備考 |
|---|---|---|---|
| 中 | 高 | 強 | 伊藤ハイブリッドの一品種。弁端切れ込む |
| 中 | 高 | 強 | 花弁が丸いのが特徴 |

| 品種名 | 花色 | 咲き方 |
|---|---|---|
| 桜川（さくらがわ） | 薄い赤紫 | 一重、中輪 |
| さつき | 紅色で内弁は淡色 | 翁咲き、小輪 |
| 晴雲（せいうん） | 薄い赤紫色 | 冠咲き、中輪 |
| 千秋（せんしゅう） | 薄い赤紫色で内弁淡黄色 | 翁咲き、小輪 |
| 滝の粧（たきのよそおい） | 淡い赤紫色で中心白色 | 半八重、大輪 |
| 超天功（ちょうてんこう） | 薄い赤紫色 | バラ咲き、中輪 |
| 花籠（はなかご） | 赤紫色で弁先淡桃色 | 半八重咲き、中輪 |
| 晴れ姿（はれすがた） | 藤色がかる濃桃 | 半八重咲き、中輪 |
| 春の粧（はるのよそおい） | 薄い赤紫色 | 半八重咲き、中輪 |
| 万歳楽（ばんざいらく） | やや紫を帯びる赤 | 一重、大輪 |
| 火祭り（ひまつり） | 赤紫色 | バラ咲き、大輪 |
| 氷点（ひょうてん）） | 乳白色 | バラ咲き、大輪 |
| 藤娘（ふじむすめ） | 藤色を帯びた薄い赤紫 | 半八重咲き |
| 輪舞（りんぶ） | 淡い赤紫色 | バラ咲き、中輪 |

**洋種（洋シャク）**

| 品種名 | 花色 | 咲き方 |
|---|---|---|
| エジュリス スーパーバ | 薄い赤紫色 | 半八重咲き、中輪 |
| カンサス | 赤紫色 | バラ咲き、大輪 |
| コーラル チャーム | オレンジ色を帯びた薄赤色 | 半八重咲き、中輪 |
| サラ ベルナール | 薄い赤紫色のぼかし | バラ咲き、大輪 |
| ダイアナ パークス | 赤色 | バラ咲き、中輪 |
| バンカー ヒル | 紫を含む濃紅色 | バラ咲き、中輪 |
| ビロード クィーン | 濃紅色で内弁は白 | 翁咲き、中輪 |
| フェスティバ マキシマ | 純白で中心部花弁に赤縁 | バラ咲き、大輪 |
| ミス エックハルト | 淡桃色 | バラ咲き、大輪 |
| ラズベリー サンダー | 淡桃色で内弁外周淡黄色 | 冠咲き、中輪 |
| ラ テンドール | 純白で中心部花弁に赤縁 | バラ咲き、大輪 |

**中国種**

| 品種名 | 花色 | 咲き方 |
|---|---|---|
| 胭脂点玉 | 淡桃色、内弁に赤点入り | 冠咲き、大輪 |
| 楊貴妃 | クリーム色がかる淡黄色 | バラ咲き、中輪 |
| 粉玉奴 | 明るい桃色 | 一重咲き、中輪 |
| 大富貴 | 濃紅色 | バラ咲き、大輪 |

**ボタンとの交雑種（ハイブリッド）**

| 品種名 | 花色 | 咲き方 |
|---|---|---|
| オリエンタル ゴールド | 純黄色で花底オレンジ色 | 半八重咲き、大輪 |
| 樋口ハイブリッド | 純黄色で花底オレンジ色 | 半八重咲き、大輪 |

（注）いずれも、シャクヤク‘花香殿’×ボタン‘金晃’。姉妹品種が5～6種ある

**江川一栄**（えがわ・かずえい）
1927年、新津市生まれ。江川木楽園三代目当主。ボタン一筋の人生を歩み、'越のあかね'、'栄冠' など数多くの品種を作出。各地の牡丹園の指導と品種判定、愛好家の相談に応じるなど、ボタンの普及に努める。日本ぼたん協会常務理事。2006年没。

**芝沢成広**（しばさわ・なりひろ）
1951年、新潟県亀田町生まれ。若くしてボタンに惹かれ、1970年より江川一栄氏に師事、栽培法および育種交配の指導を仰ぐ。現在、ボタンとシャクヤクとのハイブリッドや矮性品種の育成をめざしている。日本ぼたん協会会員。

**青木宣明**（あおき・のりあき）
1949年生まれ。九州大学大学院農学研究科修士課程修了後、島根大学農学部助手、1995年、同生物資源科学部教授となり、現在に至る。農業博士。主にボタン、シャクヤクなどの促成・抑制栽培を研究。1994年、「ボタンの促成栽培技術に関する研究」で園芸学会奨励賞を受賞。

AD
湯浅レイ子（ar inc.）
表紙・カバーデザイン
新井達久
本文レイアウト
新井達久
イラスト
小柳吉次
撮影
関澤正憲／伊藤善規／丸山 滋／
鈴木康弘／蛭田有一／
アルスフォト企画
取材協力
江川木楽園／寺津ボタン園／
須賀川牡丹園／確実園／河幸農園／
五泉市ぼたん百種展示園
編集協力
水沼高利（耕作舎）
DTP協力
ノムラ
校正
安藤幹江

NHK趣味の園芸
よくわかる栽培12か月
**ボタン、シャクヤク**

2004年 4月15日 第1刷発行
2022年 6月15日 第16刷発行

著 者 江川一栄、芝沢成広、青木宣明

発行者 土井成紀
発行所 NHK出版
〒150-8081 東京都渋谷区宇田川町41-1
TEL 0570-009-321（問い合わせ）
0570-000-321（注文）
ホームページ https://www.nhk-book.co.jp
振替 00110-1-49701
印 刷 凸版印刷
製 本 凸版印刷

ISBN978-4-14-040205-4 C2361
Printed in Japan